Saveurs d'Inde

L'Art de la Cuisine Épicée

Amrita Desai

Contenu

Masala d'œuf 18
    Ingrédients 18
    méthode 18

Pakoda aux crevettes 20
    Ingrédients 20
    méthode 20

Frites au fromage 22
    Ingrédients 22
    méthode 23

Lien Mysore 24
    Ingrédients 24
    méthode 24

Radhaballabhi 25
    Ingrédients 25
    méthode 25

medu vada 27
    Ingrédients 27
    méthode 27

omelette aux tomates 29
    Ingrédients 29
    méthode 30

Bhurji aux œufs 31
    Ingrédients 31

méthode 32

côtelette d'oeuf 33

    Ingrédients 33

    méthode 34

Jhal Mudi 35

    Ingrédients 35

    méthode 35

tofu-tikka 36

    Ingrédients 36

    Pour la marinade : 36

    méthode 36

Bonjour câble 38

    Ingrédients 38

    méthode 38

omelette masala 39

    Ingrédients 39

    méthode 40

masala aux cacahuètes 41

    Ingrédients 41

    méthode 41

Oued Kothmir 42

    Ingrédients 42

    méthode 43

Rouleaux de riz et de maïs 44

    Ingrédients 44

    méthode 44

côtelette de dahi 45

- Ingrédients 45
- méthode 45

Uthappam 47
- Ingrédients 47
- méthode 47

Koraishutir Kochuri 48
- Ingrédients 48
- méthode 48

Kanda Vada 50
- Ingrédients 50
- méthode 50

Aloo Tuk 52
- Ingrédients 52
- méthode 52

escalope de noix de coco 54
- Ingrédients 54
- méthode 54

Pousse de Mung Dhokla 56
- Ingrédients 56
- méthode 56

Paneer Pakoda 57
- Ingrédients 57
- méthode 58

tourte à la viande indienne 59
- Ingrédients 59
- méthode 60

Paner Tikka 61

- Ingrédients 61
  - Pour la marinade : 61
  - méthode 62
- côtelette de panela 63
  - Ingrédients 63
  - méthode 64
- Dhal ke kebab 65
  - Ingrédients 65
  - méthode 65
- Boulettes de riz salées 66
  - Ingrédients 66
  - méthode 66
- Rouleau de roti nutritif 67
  - Ingrédients 67
  - Pour les rotis : 67
  - méthode 68
- Brochette de poulet et menthe 69
  - Ingrédients 69
  - méthode 70
- chips masala 71
  - Ingrédients 71
  - méthode 71
- Samoussas aux légumes mélangés 72
  - Ingrédients 72
  - Pour la pâtisserie : 72
  - méthode 73
- Rouleaux de viande hachée 74

Ingrédients 74
méthode 74
kebab nu 76
Ingrédients 76
méthode 77
Mathis 78
Ingrédients 78
méthode 78
Poha Pakoda 79
Ingrédients 79
méthode 80
Hariyali Murgh Tikka 81
Ingrédients 81
Pour la marinade : 81
méthode 82
boti-kebab 83
Ingrédients 83
méthode 84
chat 85
Ingrédients 85
méthode 86
Chili Idli 86
Ingrédients 86
méthode 87
canapés aux épinards 88
Ingrédients 88
méthode 89

- Paushtik Chaat 90
  - Ingrédients 90
  - méthode 91
- Rouleau de chou 92
  - Ingrédients 92
  - méthode 93
- pain aux tomates 94
  - Ingrédients 94
  - méthode 94
- Boulettes de maïs et fromage 95
  - Ingrédients 95
  - méthode 95
- Flocons de maïs Chivda 96
  - Ingrédients 96
  - méthode 97
- Rouleau aux noix 98
  - Ingrédients 98
  - méthode 99
- Chou à la viande hachée 100
  - Ingrédients 100
  - méthode 101
- Pav Bhaji 102
  - Ingrédients 102
  - méthode 103
- côtelette de soja 104
  - Ingrédients 104
  - méthode 104

- bhel de maïs 106
  - Ingrédients 106
  - méthode 106
- Methi Gota 107
  - Ingrédients 107
  - méthode 108
- Idli 109
  - Ingrédients 109
  - méthode 109
- Idli plus 110
  - Ingrédients 110
  - méthode 111
- sandwich masala 112
  - Ingrédients 112
  - méthode 113
- Kebab à la menthe 114
  - Ingrédients 114
  - méthode 114
- Légumes Sevia Upma 115
  - Ingrédients 115
  - méthode 116
- bhel 117
  - Ingrédients 117
  - méthode 117
- Sabudana Khichdi 118
  - Ingrédients 118
  - méthode 119

Dhokla simple 120
    Ingrédients 120
    méthode 121
pommes de terre jaldi 122
    Ingrédients 122
    méthode 122
Dhokla orange 123
    Ingrédients 123
    méthode 124
Chou Muthia 125
    Ingrédients 125
    méthode 126
Rava Dhokla 127
    Ingrédients 127
    méthode 127
Chapatti Upma 128
    Ingrédients 128
    méthode 129
Mung Dhokla 130
    Ingrédients 130
    méthode 130
Escalope de bœuf moghole 131
    Ingrédients 131
    méthode 132
Masala Vada 133
    Ingrédients 133
    méthode 133

- Chou Chivda 134
  - Ingrédients 134
  - méthode 134
- Pain Besan Bhajji 136
  - Ingrédients 136
  - méthode 136
- Kebab Methi Seekh 137
  - Ingrédients 137
  - méthode 137
- Jhinga Hariyali 139
  - Ingrédients 139
  - méthode 140
- Methi Adaï 141
  - Ingrédients 141
  - méthode 142
- Chat aux pois 143
  - Ingrédients 143
  - méthode 143
- Shingada 144
  - Ingrédients 144
  - Pour la pâtisserie : 144
  - méthode 145
- Bhajia à l'oignon 146
  - Ingrédients 146
  - méthode 146
- Bagani Murgh 147
  - Ingrédients 147

Pour la marinade : 147

    méthode 148

Tikki aux pommes de terre 149

    Ingrédients 149

    méthode 150

Vada à la patate douce 151

    Ingrédients 151

    méthode 152

Mini-brochette de poulet 153

    Ingrédients 153

    méthode 153

Risol de lentilles 154

    Ingrédients 154

    méthode 155

Poha nourrissant 156

    Ingrédients 156

    méthode 156

haricots usagés 157

    Ingrédients 157

    méthode 158

Pakoda au pain et chutney 159

    Ingrédients 159

    méthode 159

Methi Khakra Délice 160

    Ingrédients 160

    méthode 160

côtelette verte 161

Ingrédients	161
méthode	162

main 163
Ingrédients	163
méthode	164

Ghugra 165
Ingrédients	165
méthode	165

brochette de banane 167
Ingrédients	167
méthode	167

masala de crevettes 168
Ingrédients	168
méthode	169

poisson à l'ail 170
Ingrédients	170
méthode	170

riz aux pommes de terre 171
Ingrédients	171
Pour les boulettes de viande :	171
méthode	172

Pulao aux légumes 173
Ingrédients	173
méthode	174

Kachche Gosht ki Biryani 175
Ingrédients	175
Pour la marinade :	175

méthode 176
Achari Gosht ki Biryani 178
    Ingrédients 178
    méthode 179
rouleau nutritif 181
    Ingrédients 181
    méthode 182
Sabudana Palak Doodhi Uttapam 183
    Ingrédients 183
    méthode 184
Poha 185
    Ingrédients 185
    méthode 186
escalope de légumes 187
    Ingrédients 187
    méthode 188
soja 189
    Ingrédients 189
    méthode 190
Upma 191
    Ingrédients 191
    méthode 192
Nouilles Upma 193
    Ingrédients 193
    méthode 194
Lier 195
    Ingrédients 195

méthode 196
Dhokla instantané 197
    Ingrédients 197
    méthode 198
Dhal Maharani 199
    Ingrédients 199
    méthode 200
Milag Kuzhamb 201
    Ingrédients 201
    méthode 202
Dhal Hariyali 203
    Ingrédients 203
    méthode 204
Dhalcha 205
    Ingrédients 205
    méthode 206
Tarkari Dhalcha 207
    Ingrédients 207
    méthode 208
Dhokar Dhalna 209
    Ingrédients 209
    méthode 209
triché 211
    Ingrédients 211
    méthode 211
Doux Dhal 212
    Ingrédients 212

méthode 213
Dhal aigre-doux 214
    Ingrédients 214
    méthode 215
Mung-ni-Dhal 216
    Ingrédients 216
    méthode 217
Dhal à l'oignon et à la noix de coco 218
    Ingrédients 218
    méthode 219
Dahi Kadhi 220
    Ingrédients 220
    méthode 221
dhal aux épinards 222
    Ingrédients 222
    méthode 223

Masala d'œuf

Pour 4 personnes

Ingrédients

2 petits oignons, hachés

2 piments verts, hachés

2 cuillères à soupe d'huile végétale raffinée

1 cuillère à café de pâte de gingembre

1 cuillère à café de pâte d'ail

1 cuillère à café de poudre de chili

½ cuillère à café de curcuma

1 cuillère à café de coriandre moulue

1 cuillère à café de cumin moulu

½ cuillère à café de garam masala

2 tomates, hachées finement

2 cuillères à soupe de besan*

Ajouter du sel au goût

25 g/petites feuilles de coriandre finement hachées

Faites bouillir 8 œufs et coupez-les en deux.

méthode

- Broyer l'oignon haché et les piments verts pour former une pâte grossière.

- Faites chauffer l'huile dans une casserole. Ajoutez cette pâte avec la pâte de gingembre, la pâte d'ail, la poudre de chili, le curcuma, la coriandre moulue, le cumin moulu et le garam masala. Bien mélanger et faire revenir 3 minutes en remuant constamment.

- Ajouter les tomates et faire revenir 4 minutes.

- Ajoutez le besan et le sel. Bien mélanger et laisser cuire à feu doux encore une minute.

- Ajoutez les feuilles de coriandre et faites revenir encore 2-3 minutes à feu moyen.

- Ajoutez les œufs et mélangez délicatement. Le masala doit bien enrober les œufs de tous les côtés. Laisser mijoter 3-4 minutes.

- Servir chaud.

Pakoda aux crevettes

(une bouchée de crevettes frites)

Pour 4 personnes

Ingrédients

250 g de crevettes décortiquées et déveinées

Ajouter du sel au goût

375g/13oz fou*

1 cuillère à café de pâte de gingembre

1 cuillère à café de pâte d'ail

½ cuillère à café de curcuma

1 cuillère à café de garam masala

150 millilitres d'eau

Huile végétale raffinée pour la friture

méthode

- Faites mariner les crevettes dans le sel pendant 20 minutes.
- Ajoutez le reste des ingrédients, sauf l'huile.
- Ajoutez suffisamment d'eau pour obtenir une pâte épaisse.
- Faites chauffer l'huile dans une casserole. Ajouter de petites cuillerées de pâte et faire revenir à feu moyen

jusqu'à ce qu'elles soient dorées. Égoutter sur du papier absorbant.
- Servir chaud avec un chutney de menthe.

Frites au fromage

Pour 6

Ingrédients

2 cuillères à soupe de farine blanche molle

240 ml de lait

4 cuillères à soupe de beurre

1 oignon moyen, finement haché

Ajouter du sel au goût

150 g de fromage de chèvre égoutté

150 g de fromage cheddar râpé

12 tranches de pain

2 oeufs battus

méthode

- Mélangez la farine, le lait et 1 cuillère à café de beurre dans une casserole. Laissez bouillir en faisant attention à ne pas former de grumeaux. Laisser mijoter jusqu'à ce que le mélange épaississe. Laisser de côté.
- Faites chauffer le beurre restant dans une casserole. Faire revenir l'oignon à feu moyen jusqu'à ce qu'il soit tendre.
- Ajouter le mélange de sel, de chèvre, de cheddar et de farine. Bien mélanger et laisser reposer.
- Tartiner les tranches de pain de beurre. Étalez une cuillère à soupe du mélange de fromage sur 6 tranches et recouvrez des 6 autres tranches.
- Tartiner le dessus de ces sandwichs d'œuf battu.
- Cuire au four préchauffé à 180°C (350°F/thermostat gaz 6) pendant 10-15 minutes jusqu'à ce qu'ils soient dorés. Servir chaud avec de la sauce tomate.

Lien Mysore

(Boulette de farine frite du sud de l'Inde)

il y a 12 ans

Ingrédients

175 g de farine blanche nature

1 petit oignon finement haché

1 cuillère à soupe de farine de riz

120 ml de crème sure

Une pincée de bicarbonate de soude

2 cuillères à soupe de feuilles de coriandre hachées

Ajouter du sel au goût

Huile végétale raffinée pour la friture

méthode

- Préparez la pâte en mélangeant tous les ingrédients sauf l'huile. Laissez reposer 3 heures.
- Faites chauffer l'huile dans la poêle. Ajouter des cuillerées de pâte et faire frire à feu moyen jusqu'à ce qu'elles soient dorées. Servir chaud avec de la sauce tomate.

Radhaballabhi

(Petits pains salés bengali)

il y a 12-15 ans

Ingrédients

4 cuillères à soupe de mungo dal*

4 cuillères à soupe de chana dhal*

4 dents

3 gousses de cardamome verte

½ cuillère à café de graines de cumin

3 cuillères à soupe de ghee et un supplément pour la friture

Ajouter du sel au goût

350 g de farine blanche nature

méthode

- Faites tremper le dhal toute la nuit. Égoutter l'eau et mélanger jusqu'à obtenir une pâte. Laisser de côté.
- Broyez ensemble les clous de girofle, la cardamome et les graines de cumin.
- Faites chauffer 1 cuillère à soupe de ghee dans une poêle. Faites frire les épices moulues pendant 30

secondes. Ajoutez la pâte de dhal et le sel. Faire frire à feu moyen jusqu'à ce qu'il soit sec. Laisser de côté.

- Mélangez la farine avec 2 cuillères à soupe de ghee, du sel et suffisamment d'eau pour obtenir une pâte ferme. Répartissez en boules de la taille d'un citron. Rouler en disques et déposer des boules de dhal frit au centre de chacun. Se ferme comme un sac.
- Roulez les sacs en puris épais, chacun de 10 cm/4 pouces de diamètre. Laisser de côté.
- Faites chauffer le ghee dans une casserole. Faites frire les puris dans l'huile profonde jusqu'à ce qu'ils soient dorés.
- Égoutter sur du papier absorbant et servir chaud.

medu vada

(Biscuits aux lentilles frites)

Pour 4 personnes

Ingrédients

300g/10oz d'urad dhal*, trempé pendant 6 heures

Ajouter du sel au goût

¼ cuillère à café d'asafoetida

8 feuilles de curry

1 cuillère à café de graines de cumin

1 cuillère à café de poivre noir moulu

Légumes raffinés à frire

méthode

- Égouttez l'urad dhal et réduisez-le en une pâte épaisse et sèche.
- Ajouter tous les ingrédients restants sauf l'huile et bien mélanger.
- Mouillez vos paumes. Faites une boule de la taille d'un citron avec la pâte, aplatissez-la et faites un trou au milieu comme s'il s'agissait d'un beignet. Répétez pour le reste de la pâte.
- Faites chauffer l'huile dans la poêle. Faire sauter le vada jusqu'à ce qu'il soit doré.

- Servir chaud avec du sambhar.

omelette aux tomates

il y a 10

Ingrédients

2 grosses tomates, hachées finement

180 g de besançon*

85 g de farine de blé entier

2 cuillères à soupe de semoule

1 gros oignon finement haché

½ cuillère à café de pâte de gingembre

½ cuillère à café de pâte d'ail

¼ cuillère à café de curcuma

½ cuillère à café de poudre de chili

1 cuillère à café de coriandre moulue

½ cuillère à café de cumin moulu, torréfié à sec

25 g/petites feuilles de coriandre hachées

Ajouter du sel au goût

120 ml d'eau

Tartinade de légumes raffinée

méthode

- Mélangez tous les ingrédients sauf l'huile jusqu'à obtenir un mélange épais.
- Beurrer et chauffer une poêle plate. Étalez dessus une cuillère à soupe de pâte.
- Arroser la tortilla d'huile, couvrir et cuire à feu moyen pendant 2 minutes. Faites tourner et répétez. Répétez avec le reste de la pâte.
- Servir chaud avec une sauce tomate ou un chutney à la menthe.

Bhurji aux œufs

(Œufs brouillés épicés)

Pour 4 personnes

Ingrédients

4 cuillères à soupe d'huile végétale raffinée

½ cuillère à café de graines de cumin

2 gros oignons finement hachés

8 gousses d'ail, hachées finement

½ cuillère à café de curcuma

3 piments verts, finement hachés

2 tomates, hachées finement

Ajouter du sel au goût

8 oeufs battus

10 g de feuilles de coriandre hachées

méthode

- Faites chauffer l'huile dans une casserole. Ajoutez les graines de cumin. Laissez-les pulvériser pendant 15 secondes. Ajouter l'oignon et faire revenir à feu moyen jusqu'à ce qu'il soit translucide.
- Ajouter l'ail, le curcuma, le piment vert et les tomates. Faire sauter pendant 2 minutes. Ajouter les œufs et cuire en remuant constamment jusqu'à ce que les œufs soient cuits.
- Garnir de feuilles de coriandre et servir au chaud.

côtelette d'oeuf

il y a 8

Ingrédients

240 ml/8 fl oz d'huile végétale raffinée

1 gros oignon finement haché

1 cuillère à café de pâte de gingembre

1 cuillère à café de pâte d'ail

Ajouter du sel au goût

½ cuillère à café de poivre noir moulu

2 grosses pommes de terre bouillies et écrasées

8 œufs durs, coupés en deux

1 oeuf battu

100 g de chapelure

méthode

- Faites chauffer l'huile dans une casserole. Ajouter l'oignon, la pâte de gingembre, la pâte d'ail, le sel et le poivre noir. Faire frire à feu moyen jusqu'à ce qu'ils soient dorés.
- Ajoutez les pommes de terre. Faire frire pendant 2 minutes.
- Retirez les jaunes d'œufs et ajoutez-les au mélange de pommes de terre. Bien mélanger.
- Remplissez les œufs évidés d'un mélange de pommes de terre et de jaunes.
- Trempez-les dans l'oeuf battu et passez-les dans la chapelure. Laisser de côté.
- Faites chauffer l'huile dans la poêle. Faire sauter les œufs jusqu'à ce qu'ils soient dorés. Servir chaud.

Jhal Mudi

(riz soufflé épicé)

Pour 5-6 portions

Ingrédients

300 g de concombre*

1 concombre, haché finement

125 g de chana cuit*

1 grosse pomme de terre bouillie et hachée finement

125 g de cacahuètes grillées

1 gros oignon finement haché

25 g/petites feuilles de coriandre finement hachées

4-5 cuillères à soupe d'huile de moutarde

1 cuillère à soupe de cumin moulu, torréfié à sec

2 cuillères à soupe de jus de citron

Ajouter du sel au goût

méthode

- Mélangez tous les ingrédients pour bien mélanger. Sers immédiatement.

tofu-tikka

il y a 15 ans

Ingrédients

300 g de tofu, coupé en morceaux de 5 cm

1 poivron vert, coupé en dés

1 tomate, coupée en dés

1 gros oignon, haché

1 cuillère à café de chaat masala*

250 g de yaourt grec

½ cuillère à café de garam masala

½ cuillère à café de curcuma

1 cuillère à café de pâte d'ail

1 cuillère à café de jus de citron

Ajouter du sel au goût

1 cuillère à soupe d'huile végétale raffinée

Pour la marinade :

25 g/1 oz de feuilles de coriandre moulues

25 g/à peine 1 oz de feuilles de menthe moulues

méthode

- Mélangez les ingrédients de la marinade. Faites mariner le tofu avec le mélange pendant 30 minutes.
- Rôtir avec des morceaux de poivron, de tomate et d'oignon pendant 20 minutes, en les retournant de temps en temps.
- Saupoudrer de chaat masala sur le dessus. Servir chaud avec un chutney de menthe.

Bonjour câble

(Mélange de pommes de terre épicées, pois chiches et tamarin)

Pour 4 personnes

Ingrédients

3 grosses pommes de terre bouillies et coupées finement

250 g de petits pois blancs*, cuit

1 gros oignon finement haché

1 piment vert, finement haché

2 cuillères à café de pâte de tamarin

2 cuillères à café de graines de cumin grillées à sec, moulues

10 g de feuilles de coriandre hachées

Ajouter du sel au goût

méthode

- Mélangez tous les ingrédients dans un bol. Écrasez légèrement.
- Servir froid ou à température ambiante.

omelette masala

il y a 6

Ingrédients

8 oeufs battus

1 gros oignon finement haché

1 tomate, hachée finement

4 piments verts, finement hachés

2-3 gousses d'ail, hachées finement

2,5 cm/1 pouce de racine de gingembre, finement hachée

3 cuillères à soupe de feuilles de coriandre finement hachées

1 cuillère à café de chaat masala*

½ cuillère à café de curcuma

Ajouter du sel au goût

6 cuillères à soupe d'huile végétale raffinée

méthode

- Mélanger tous les ingrédients sauf l'huile et bien mélanger.
- Faites chauffer une poêle et graissez-la avec 1 cuillère à soupe d'huile. Étalez dessus un sixième du mélange d'œufs.
- Une fois refroidie, retournez la tortilla et faites cuire l'autre face à feu moyen.
- Répétez pour le reste de la pâte.
- Servir chaud avec du ketchup ou de l'ajvar à la menthe.

masala aux cacahuètes

Pour 4 personnes

Ingrédients

500 g de cacahuètes grillées

1 gros oignon finement haché

3 piments verts, finement hachés

25 g/petites feuilles de coriandre finement hachées

1 grosse pomme de terre, bouillie et hachée

1 cuillère à café de chaat masala*

1 cuillère à soupe de jus de citron

Ajouter du sel au goût

méthode

- Mélangez tous les ingrédients pour bien mélanger. Sers immédiatement.

Oued Kothmir

(Boulettes de coriandre frites)

il y a 20-25

Ingrédients

100 g de feuilles de coriandre finement hachées

250g/9oz de besan*

45 g de farine de riz

3 piments verts, finement hachés

½ cuillère à café de pâte de gingembre

½ cuillère à café de pâte d'ail

1 cuillère à soupe de graines de sésame

1 cuillère à café de curcuma

1 cuillère à café de coriandre moulue

1 cuillère à café de sucre

¼ cuillère à café d'asafoetida

¼ cuillère à café de bicarbonate de soude

Ajouter du sel au goût

150 millilitres d'eau

Huile végétale raffinée pour graisser et additif de friture

méthode

- Mélangez tous les ingrédients sauf l'huile dans un bol. Ajoutez un peu d'eau pour obtenir un mélange épais.
- Beurrer un moule à gâteau rond de 20 cm avec de l'huile et y verser la pâte.
- Cuire à la vapeur pendant 10 à 15 minutes. Laisser reposer 10 minutes pour refroidir. Coupez le mélange cuit en morceaux carrés.
- Faites chauffer l'huile dans la poêle. Faites frire les morceaux jusqu'à ce qu'ils soient dorés des deux côtés. Servir chaud.

Rouleaux de riz et de maïs

Pour 4 personnes

Ingrédients

100 g de riz cuit à la vapeur, écrasé

200 g/7 oz de grains de maïs cuits

125g/4½oz de besançon*

1 gros oignon finement haché

1 cuillère à café de garam masala

½ cuillère à café de poudre de chili

10 g de feuilles de coriandre hachées

Jus de 1 citron

Ajouter du sel au goût

Huile végétale raffinée pour la friture

méthode

- Mélangez tous les ingrédients sauf l'huile.
- Faites chauffer l'huile dans une casserole. Mettez de petites cuillerées du mélange dans l'huile et faites frire jusqu'à ce qu'elles soient dorées de tous les côtés.
- Égoutter sur du papier absorbant. Servir chaud.

côtelette de dahi

(gateau au yaourt)

Pour 4 personnes

Ingrédients

600 g de yaourt grec

Ajouter du sel au goût

3 cuillères à soupe de feuilles de coriandre hachées

6 piments verts, finement hachés

200 g de chapelure

1 cuillère à café de garam masala

2 cuillères à café de noix hachées

2 cuillères à soupe de farine blanche molle

½ cuillère à café de bicarbonate de soude

90 ml/3 onces liquides d'eau

Huile végétale raffinée pour la friture

méthode

- Mélangez le yaourt avec le sel, les feuilles de coriandre, le piment, la chapelure et le garam masala. Divisez en portions de la taille d'un citron.

- Pressez quelques noix hachées au centre de chaque partie. Laisser de côté.
- Mélangez la farine, le bicarbonate de soude et suffisamment d'eau pour obtenir un mélange fin. Tremper les côtelettes dans la pâte et réserver.
- Faites chauffer l'huile dans une casserole. Faire revenir les côtelettes jusqu'à ce qu'elles soient dorées.
- Servir chaud avec un chutney de menthe.

Uthappam

(crêpe de riz)

il y a 12 ans

Ingrédients

500 g de riz

150 g d'urad dhal*

2 cuillères à café de graines de fenugrec

Ajouter du sel au goût

12 cuillères à soupe d'huile végétale raffinée

méthode

- Mélangez tous les ingrédients sauf l'huile. Faire tremper dans l'eau pendant 6 à 7 heures. Égouttez et mixez jusqu'à obtenir une pâte fine. Laissez reposer 8 heures pour fermenter.
- Faites chauffer une poêle et enduisez-la d'1 cuillère à café d'huile.
- Versez une grosse cuillerée de pâte. Étalez comme une crêpe.
- Laisser mijoter 2-3 minutes. Faites tourner et répétez.
- Répétez pour le reste de la pâte. Servir chaud.

Koraishutir Kochuri

(pain farci aux petits pois)

Pour 4 personnes

Ingrédients

175 g de farine blanche nature

¾ cuillère à café de sel

2 cuillères à soupe de ghee et un supplément pour la friture

500 g de petits pois surgelés

2,5 cm/1 pouce de racine de gingembre

4 petits poivrons verts

2 cuillères à soupe de graines de fenouil

¼ cuillère à café d'asafoetida

méthode

- Pétrir la farine avec ¼ cuillère à café de sel et 2 cuillères à soupe de ghee. Laisser de côté.
- Broyez les petits pois, le gingembre, le piment et le fenouil en une pâte fine. Laisser de côté.
- Faites chauffer une cuillère à café de ghee dans une casserole. Faites frire l'asafoetida pendant 30 secondes.
- Ajoutez la pâte de pois et ½ cuillère à café de sel. Faire sauter pendant 5 minutes. Laisser de côté.

- Divisez la pâte en 8 boules. Aplatir chacun et remplir du mélange de pois. Fermez comme un sac et aplatissez à nouveau. Rouler en disques ronds.
- Faites chauffer le ghee dans une casserole. Ajouter les disques farcis et faire revenir à feu moyen jusqu'à ce qu'ils soient dorés. Égoutter sur du papier absorbant et servir chaud.

Kanda Vada

(paquet d'oignons)

Pour 4 personnes

Ingrédients

4 gros oignons, tranchés

4 piments verts, finement hachés

10 g de feuilles de coriandre hachées

¾ cuillère à café de pâte d'ail

¾ cuillère à café de pâte de gingembre

½ cuillère à café de curcuma

Une pincée de bicarbonate de soude

Ajouter du sel au goût

250g/9oz de besan*

Huile végétale raffinée pour la friture

méthode

- Mélangez tous les ingrédients sauf l'huile. Pétrir et réserver 10 minutes.
- Faites chauffer l'huile dans une casserole. Ajoutez des cuillères à soupe du mélange à l'huile et faites frire à

feu moyen jusqu'à ce qu'elles soient dorées. Servir chaud.

Aloo Tuk

(sandwich épicé aux pommes de terre)

Pour 4 personnes

Ingrédients

8 à 10 jeunes pommes de terre bouillies

Ajouter du sel au goût

Huile végétale raffinée pour la friture.

2 cuillères à soupe de menthe ajvar

2 cuillères à soupe de chutney de tomates sucrées

1 gros oignon finement haché

2-3 piments verts, finement hachés

1 cuillère à café de sel noir en poudre

1 cuillère à café de chaat masala*

Jus de 1 citron

méthode

- Appuyez légèrement sur la pomme de terre pour l'aplatir un peu. Saupoudrer de sel.
- Faites chauffer l'huile dans une casserole. Ajouter les pommes de terre et faire revenir jusqu'à ce qu'elles soient dorées de tous les côtés.

- Transférer les pommes de terre dans un plat de service. Arrosez le tout de chutney à la menthe et de chutney de tomates sucrées.
- Saupoudrer l'oignon, le piment vert, le sel noir, le chaat masala et le jus de citron. Sers immédiatement.

escalope de noix de coco

il y a 10

Ingrédients

200 g de noix de coco fraîchement râpée

2,5 cm/1 pouce de racine de gingembre

4 piments verts

2 gros oignons finement hachés

50 g de feuilles de coriandre

4-5 feuilles de curry

Ajouter du sel au goût

2 grosses pommes de terre bouillies et écrasées

2 oeufs battus

100 g de chapelure

Huile végétale raffinée pour la friture

méthode

- Broyer ensemble la noix de coco, le gingembre, le piment, l'oignon, les feuilles de coriandre et les feuilles de curry. Laisser de côté.
- Salez les pommes de terre et mélangez bien.
- Réalisez des boulettes de pommes de terre de la taille d'un citron et aplatissez-les au creux de la main.

- Placez un peu du mélange de noix de coco moulue au centre de chaque burger. Fermez-les comme un sac et aplatissez-les à nouveau délicatement.
- Trempez chaque côtelette dans l'œuf battu et dans la chapelure.
- Faites chauffer l'huile dans une casserole. Faire revenir les côtelettes jusqu'à ce qu'elles soient dorées.
- Égoutter sur du papier absorbant et servir chaud avec un chutney de menthe.

Pousse de Mung Dhokla

(gâteau aux haricots mungo cuit à la vapeur)

il y a 20 ans

Ingrédients

200 g de haricots mungo germés

150 g de dhal mungo*

2 cuillères à soupe de crème sure

Ajouter du sel au goût

2 cuillères à soupe de carotte râpée

Huile végétale raffinée pour la lubrification.

méthode

- Mélangez les haricots mungo, le dhal mungo et la crème sure. Broyer jusqu'à obtenir une pâte lisse. Fermenter pendant 3-4 heures. Ajoutez du sel et réservez.
- Beurrer un moule à gâteau rond de 20 cm. Versez-y le mélange de dhal. Saupoudrer de carottes et cuire à la vapeur pendant 7 minutes.
- Couper en morceaux et servir chaud.

Paneer Pakoda

(paner frit)

Pour 4 personnes

Ingrédients

2½ cuillères à café de poudre de chili

1¼ cuillères à café d'amchoor*

Panela 250g/9oz*, coupé en gros morceaux

8 cuillères à soupe de besan*

Ajouter du sel au goût

Une pincée de bicarbonate de soude

150 millilitres d'eau

Huile végétale raffinée pour la friture

méthode

- Mélangez 1 cuillère à soupe de poudre de chili et l'amchoor. Faites mariner les morceaux de paner avec le mélange pendant 20 minutes.
- Mélangez le besan avec le reste de la poudre de chili, le sel, le bicarbonate de soude et suffisamment d'eau pour obtenir une pâte.
- Faites chauffer l'huile dans une casserole. Trempez chaque morceau de paner dans la pâte et faites-le frire à feu moyen jusqu'à ce qu'il soit doré.
- Servir chaud avec un chutney de menthe.

tourte à la viande indienne

Pour 4 personnes

Ingrédients

500 g de bœuf haché

200 g de morceaux de bacon

½ cuillère à café de pâte de gingembre

½ cuillère à café de pâte d'ail

2 piments verts, finement hachés

½ cuillère à café de poivre noir moulu

¼ cuillère à café de muscade râpée

Jus de 1 citron

Ajouter du sel au goût

2 oeufs battus

méthode

- Mélangez tous les ingrédients dans une casserole, sauf les œufs.
- Cuire à feu vif jusqu'à ce que le mélange soit sec. Laisser refroidir.
- Ajoutez les oeufs battus et mélangez bien. Verser dans un moule à gâteau de 20 x 10 cm/8 x 4 pouces.
- Faites cuire le mélange à la vapeur pendant 15 à 20 minutes. Laisser refroidir 10 minutes. Couper en tranches et servir chaud.

Paner Tikka

(Panier Patty)

Pour 4 personnes

Ingrédients

Panela 250g/9oz*, coupé en 12 morceaux

2 tomates coupées en quartiers et pulpe retirée

2 poivrons verts, épépinés et coupés en quartiers

2 oignons moyens, coupés en quartiers

3-4 feuilles de chou hachées

1 petit oignon finement haché

Pour la marinade :

1 cuillère à café de pâte de gingembre

1 cuillère à café de pâte d'ail

250 g de yaourt grec

2 cuillères à soupe de crème liquide

Ajouter du sel au goût

méthode

- Mélangez les ingrédients de la marinade. Faites mariner le paner, les tomates, les poivrons et les oignons dans ce mélange pendant 2-3 heures.
- Collez-les les uns après les autres et faites-les griller sur du charbon de bois jusqu'à ce que les morceaux de la barre soient bien dorés.
- Garnir de chou et d'oignon. Servir chaud.

côtelette de panela

il y a 10

Ingrédients

1 cuillère à soupe de ghee

2 gros oignons finement hachés

2,5 cm de racine de gingembre râpée

2 piments verts, finement hachés

4 gousses d'ail, hachées finement

3 pommes de terre bouillies et écrasées

300 g de fromage de chèvre égoutté

1 cuillère à soupe de farine blanche molle

3 cuillères à soupe de feuilles de coriandre hachées

50 g de chapelure

Ajouter du sel au goût

Huile végétale raffinée pour la friture.

méthode

- Faites chauffer le ghee dans une casserole. Ajouter l'oignon, le gingembre, le piment et l'ail. Faites frire en remuant fréquemment jusqu'à ce que l'oignon devienne doré. Éloignez-vous de la chaleur.
- Ajouter les pommes de terre, le fromage de chèvre, la farine, les feuilles de coriandre, la chapelure et le sel. Bien mélanger et former des escalopes avec le mélange.
- Faites chauffer l'huile dans une casserole. Faites frire les escalopes jusqu'à ce qu'elles soient dorées. Servir chaud.

Dhal ke kebab

(Dhal Kebab)

il y a 12 ans

Ingrédients

600 g/1 lb 5 oz de masoor dhal*

1,2 litre/2 pintes d'eau

Ajouter du sel au goût

3 cuillères à soupe de feuilles de coriandre hachées

3 cuillères à soupe de farine de maïs

3 cuillères à soupe de chapelure

1 cuillère à café de pâte d'ail

Huile végétale raffinée pour la friture

méthode

- Faites cuire le dhal avec de l'eau et du sel dans une casserole à feu moyen pendant 30 minutes. Égoutter l'excès d'eau et écraser le dhal cuit avec une cuillère en bois.
- Ajouter tous les ingrédients restants sauf l'huile. Bien mélanger et former 12 burgers avec le mélange.
- Faites chauffer l'huile dans une casserole. Faites frire les hamburgers jusqu'à ce qu'ils soient dorés. Égoutter sur du papier absorbant et servir chaud.

Boulettes de riz salées

Pour 4 personnes

Ingrédients

100 g de riz cuit

125g/4½oz de besançon*

125 g de yaourt

½ cuillère à café de poudre de chili

¼ cuillère à café de curcuma

1 cuillère à café de garam masala

Ajouter du sel au goût

Huile végétale raffinée pour la friture

méthode

- Écrasez le riz avec une cuillère en bois. Ajouter tous les ingrédients restants sauf l'huile et bien mélanger. Cela devrait avoir la consistance d'une pâte à gâteau. Si nécessaire, ajoutez de l'eau.
- Faites chauffer l'huile dans la poêle. Ajouter des cuillerées à la pâte et faire frire à feu moyen jusqu'à ce qu'elles soient dorées.
- Égoutter sur du papier absorbant et servir chaud.

Rouleau de roti nutritif

Pour 4 personnes

Ingrédients
Pour remplissage:

1 cuillère à café de graines de cumin

1 cuillère à café de beurre

1 pomme de terre bouillie, écrasée

1 œuf à la coque, finement haché

1 cuillère à soupe de feuilles de coriandre hachées

½ cuillère à café de poudre de chili

Une pincée de poivre noir moulu

Une pincée de garam masala

1 cuillère à soupe d'oignon nouveau, finement haché

Ajouter du sel au goût

Pour les rotis :

85 g de farine de blé entier

1 cuillère à café d'huile végétale raffinée

Une pincée de sel

méthode

- Mélangez tous les ingrédients de la garniture et mélangez bien. Laisser de côté.
- Mélangez tous les ingrédients du roti. Pétrir la pâte souple.
- Formez avec la pâte des boules de la taille d'une noix et roulez chacune en disques.
- Étalez finement et uniformément la garniture écrasée sur chaque disque. Roulez chaque disque en un rouleau serré.
- Faites légèrement cuire les petits pains dans une poêle chaude. Servir chaud.

Brochette de poulet et menthe

il y a 20 ans

Ingrédients

500 g de poulet haché

50 g de feuilles de menthe finement hachées

4 piments verts, finement hachés

1 cuillère à café de coriandre moulue

1 cuillère à café de cumin moulu

Jus de 1 citron

1 cuillère à café de pâte de gingembre

1 cuillère à café de pâte d'ail

1 oeuf battu

1 cuillère à soupe de farine de maïs

Ajouter du sel au goût

Huile végétale raffinée pour la friture.

méthode

- Mélangez tous les ingrédients sauf l'huile. Pétrir la pâte molle.
- Divisez la pâte en 20 parts et aplatissez chacune.
- Faites chauffer l'huile dans la poêle. Faites frire les brochettes à feu moyen jusqu'à ce qu'elles soient dorées. Servir chaud avec un chutney de menthe.

chips masala

Pour 4 personnes

Ingrédients

200 g de chips salées

2 oignons finement hachés

10 g de feuilles de coriandre finement hachées

2 cuillères à café de jus de citron

1 cuillère à café de chaat masala*

Ajouter du sel au goût

méthode

- Émiettez les frites. Ajouter tous les ingrédients et remuer pour bien mélanger.
- Sers immédiatement.

Samoussas aux légumes mélangés

(Légumes mélangés)

   il y a 10

Ingrédients

- 2 cuillères à soupe d'huile végétale extra raffinée pour la friture
- 1 gros oignon finement haché
- 175 g de pâte de gingembre
- 1 cuillère à café de cumin moulu, torréfié à sec
- Ajouter du sel au goût
- 2 pommes de terre bouillies et coupées finement
- 125 g de petits pois cuits

Pour la pâtisserie :

- 175 g de farine blanche nature
- Une pincée de sel
- 2 cuillères à soupe d'huile végétale raffinée
- 100 ml/3½ onces liquides d'eau

méthode

- Faites chauffer 2 cuillères à soupe d'huile dans une poêle. Ajoutez l'oignon, le gingembre et le cumin moulu. Faites frire pendant 3 à 5 minutes en remuant constamment.
- Ajouter le sel, les pommes de terre et les pois. Bien mélanger et mélanger. Laisser de côté.
- Préparez des cornets de pâte avec les ingrédients de la pâte, comme dans la recette du samosa aux pommes de terre.
- Remplissez chaque cornet avec 1 cuillère à soupe du mélange pomme de terre-pois et scellez les bords.
- Faites chauffer l'huile dans une poêle et faites frire les cornets jusqu'à ce qu'ils soient dorés.
- Égoutter et servir chaud avec du ketchup ou de l'ajvar à la menthe.

Rouleaux de viande hachée

il y a 12 ans

Ingrédients

500 g d'agneau haché

2 piments verts, finement hachés

2,5 cm/1 pouce de racine de gingembre, finement hachée

2 gousses d'ail, hachées finement

1 cuillère à café de garam masala

1 gros oignon finement haché

25 g/petites feuilles de coriandre hachées

1 oeuf battu

Ajouter du sel au goût

50 g de chapelure

Huile végétale raffinée pour la friture

méthode

- Mélangez tous les ingrédients sauf la chapelure et l'huile. Divisez le mélange en 12 parties cylindriques. Rouler dans la chapelure. Laisser de côté.
- Faites chauffer l'huile dans la poêle. Faites frire les rouleaux à feu doux jusqu'à ce qu'ils soient dorés de tous les côtés.

- Servir chaud avec de l'ajvar à la noix de coco verte.

kebab nu

(Rouleaux de légumes)

il y a 12 ans

Ingrédients

1 grosse carotte, hachée finement

50 g de fèves hachées

50 g de chou finement haché

1 petit oignon, râpé

1 cuillère à café de pâte d'ail

2 piments verts

Ajouter du sel au goût

½ cuillère à café de sucre

½ cuillère à café d'amchoor*

50 g de chapelure

125g/4½oz de besançon*

Huile végétale raffinée pour la friture.

méthode

- Mélangez tous les ingrédients sauf l'huile. Former 12 cylindres.
- Faites chauffer l'huile dans la poêle. Faire sauter les cylindres jusqu'à ce qu'ils soient dorés.
- Servir chaud avec de la sauce tomate.

Mathis

(Bonbons frits)

il y a 25 ans

Ingrédients

350 g de farine blanche nature

200 ml d'eau tiède

1 cuillère à soupe de ghee

1 cuillère à café de graines d'ajowan

1 cuillère à soupe de ghee

Ajouter du sel au goût

Huile végétale raffinée pour la friture

méthode

- Mélangez tous les ingrédients sauf l'huile. Pétrir la pâte souple.
- Divisez la pâte en 25 parts. Rouler chaque portion en un disque de 5 cm/2 pouces. Piquez les disques avec une fourchette et laissez-les reposer 30 minutes.
- Faites chauffer l'huile dans une casserole. Faites frire les disques jusqu'à ce qu'ils deviennent dorés pâles.
- Égoutter sur du papier absorbant. Laisser refroidir et conserver dans un contenant hermétique.

Poha Pakoda

Pour 4 personnes

Ingrédients

100 g de chapelure*

500 ml/16 onces liquides d'eau

125 g/4½ oz de cacahuètes, grossièrement concassées

½ cuillère à café de pâte de gingembre

½ cuillère à café de pâte d'ail

2 cuillères à café de jus de citron

1 cuillère à café de sucre

1 cuillère à café de coriandre moulue

½ cuillère à café de cumin moulu

10 g de feuilles de coriandre finement hachées

Ajouter du sel au goût

Huile végétale raffinée pour la friture

méthode

- Faites tremper le poha dans l'eau pendant 15 minutes. Égoutter et mélanger avec tous les autres ingrédients, sauf l'huile. Former des boules de la taille d'une noix.
- Faites chauffer l'huile dans la poêle. Faites frire les boules de poha à feu moyen jusqu'à ce qu'elles soient dorées.
- Égoutter sur du papier absorbant. Servir chaud avec un chutney de menthe.

Hariyali Murgh Tikka

(Poulet Tikka Vert)

Pour 4 personnes

Ingrédients

650 g de poulet désossé, coupé en morceaux de 5 cm

Huile végétale raffinée pour arroser

Pour la marinade :

Ajouter du sel au goût

125 g de yaourt

1 cuillère à soupe de pâte de gingembre

1 cuillère à soupe de pâte d'ail

25 g/à peine 1 oz de feuilles de menthe moulues

25 g/1 oz de feuilles de coriandre moulues

50 g d'épinards hachés

2 cuillères à soupe de garam masala

3 cuillères à soupe de jus de citron

méthode

- Mélangez les ingrédients de la marinade. Faites mariner le poulet dans ce mélange pendant 5 à 6 heures au réfrigérateur. Sortir du réfrigérateur au moins une heure avant la cuisson.
- Griller les morceaux de poulet sur des brochettes ou sur une plaque à pâtisserie huilée. Cuire au four jusqu'à ce que le poulet soit doré de tous les côtés. Servir chaud.

boti-kebab

(Brochette d'agneau pour grignoter)

il y a 20 ans

Ingrédients

500 g d'agneau désossé, coupé en petits morceaux

1 cuillère à café de pâte de gingembre

2 cuillères à café de pâte d'ail

2 cuillères à café de piments verts

½ cuillère à soupe de coriandre moulue

½ cuillère à soupe de cumin moulu

¼ cuillère à café de curcuma

1 cuillère à café de poudre de chili

¾ cuillère à café de garam masala

Jus de 1 citron

Ajouter du sel au goût

méthode

- Mélangez bien tous les ingrédients et laissez reposer 3 heures.
- Embrocher les morceaux d'agneau. Griller au charbon de bois pendant 20 minutes jusqu'à ce qu'ils soient dorés. Servir chaud.

chat

(sandwich aux pommes de terre salé)

Pour 4 personnes

Ingrédients

Huile végétale raffinée pour la friture.

4 pommes de terre moyennes, bouillies, pelées et coupées en morceaux de 2,5 cm/1 po

½ cuillère à café de poudre de chili

Ajouter du sel au goût

1 cuillère à café de cumin moulu, torréfié à sec

1½ cuillères à café de chaat masala*

1 cuillère à café de jus de citron

2 cuillères à soupe d'ajvar à la mangue sucrée et épicée

1 cuillère à soupe d'ajvar à la menthe

10 g de feuilles de coriandre hachées

1 gros oignon finement haché

méthode

- Faites chauffer l'huile dans la poêle. Faites frire les pommes de terre à feu moyen jusqu'à ce qu'elles soient dorées de tous les côtés. Égoutter sur du papier absorbant.
- Dans un bol, mélangez les pommes de terre avec la poudre de piment, le sel, le cumin moulu, le chaat masala, le jus de citron, le chutney de mangue sucré et épicé et le chutney de menthe. Garnir de feuilles de coriandre et d'oignon. Sers immédiatement.

Chili Idli

Pour 4 personnes

Ingrédients

3 cuillères à soupe d'huile végétale raffinée

1 cuillère à café de graines de moutarde

1 petit oignon, tranché

½ cuillère à café de garam masala

1 cuillère à soupe de sauce tomate

4 idlis hachés

Ajouter du sel au goût

2 cuillères à soupe de feuilles de coriandre

méthode

- Faites chauffer l'huile dans une casserole. Ajoutez les graines de moutarde. Laissez-les pulvériser pendant 15 secondes.

- Ajoutez tous les ingrédients restants sauf les feuilles de coriandre. Bien mélanger.

- Cuire à feu moyen pendant 4 à 5 minutes en remuant doucement. Garnir de feuilles de coriandre. Servir chaud.

canapés aux épinards

il y a 10

Ingrédients

2 cuillères à soupe de beurre

10 tranches de pain, coupées en quartiers

2 cuillères à soupe de ghee

1 oignon finement haché

300 g d'épinards finement hachés

Ajouter du sel au goût

125 g de fromage de chèvre égoutté

4 cuillères à soupe de fromage cheddar râpé

méthode

- Beurrer les deux côtés du pain et cuire au four préchauffé à 200 ºC (400 ºF, thermostat 6) pendant 7 minutes. Laisser de côté.

- Faites chauffer le ghee dans une casserole. Faire revenir l'oignon jusqu'à ce qu'il soit doré. Ajoutez les épinards et le sel. Cuire 5 minutes. Ajoutez le fromage de chèvre et mélangez bien.

- Étaler le mélange d'épinards sur les morceaux de pain grillé. Saupoudrer un peu de cheddar râpé et cuire au four à 130°C (250°F, thermostat ½) jusqu'à ce que le fromage soit fondu. Servir chaud.

Paushtik Chaat

(Collation santé)

Pour 4 personnes

Ingrédients

3 cuillères à café d'huile végétale raffinée

½ cuillère à café de graines de cumin

2,5 cm/1 pouce de racine de gingembre écrasée

1 petite pomme de terre, cuite et hachée

1 cuillère à café de garam masala

Ajouter du sel au goût

Poivre noir moulu au goût

250 g de haricots mungo, cuits

300 g de haricots en conserve

300 g de pois chiches en conserve

10 g de feuilles de coriandre hachées

1 cuillère à café de jus de citron

méthode

- Faites chauffer l'huile dans une casserole. Ajoutez les graines de cumin. Laissez-les pulvériser pendant 15 secondes.
- Ajoutez le gingembre, les pommes de terre, le garam masala, le sel et le poivre. Cuire à feu moyen pendant 3 minutes. Ajoutez les haricots mungo, les haricots rouges et les pois chiches. Cuire à feu moyen pendant 8 minutes.
- Garnir de feuilles de coriandre et de jus de citron. Servir froid.

Rouleau de chou

Pour 4 personnes

Ingrédients

1 cuillère à soupe de farine blanche molle

3 cuillères à soupe d'eau

Ajouter du sel au goût

2 cuillères à soupe d'huile végétale raffinée plus pour la friture

1 cuillère à café de graines de cumin

100 g de légumes mélangés surgelés

1 cuillère à soupe de crème liquide

2 cuillères à soupe de paner*

¼ cuillère à café de curcuma

1 cuillère à café de poudre de chili

1 cuillère à café de coriandre moulue

1 cuillère à café de cumin moulu

Faire tremper 8 grosses feuilles de chou dans l'eau chaude pendant 2-3 minutes et égoutter.

méthode
- Mélangez la farine, l'eau et le sel pour obtenir une pâte épaisse. Laisser de côté.
- Faites chauffer l'huile dans une casserole. Ajoutez les graines de cumin et laissez-les grésiller pendant 15 secondes. Ajouter tous les ingrédients restants sauf les feuilles de chou. Cuire à feu moyen pendant 2-3 minutes en remuant fréquemment.
- Déposez des cuillerées de ce mélange au milieu de chaque feuille de chou. Repliez les feuilles et fermez les extrémités avec de la pâte farinée.
- Faites chauffer l'huile dans la poêle. Tremper la semoule dans un spray de farine et faire revenir. Servir chaud.

pain aux tomates

il y a 4

Ingrédients

1½ cuillères à soupe d'huile végétale raffinée

150 g de purée de tomates

3-4 feuilles de curry

2 piments verts, finement hachés

Ajouter du sel au goût

2 grosses pommes de terre bouillies et coupées en tranches

6 tranches de pain hachées

10 g de feuilles de coriandre hachées

méthode

- Faites chauffer l'huile dans une casserole. Ajouter la purée de tomates, les feuilles de curry, les piments verts et le sel. Cuire 5 minutes.
- Ajoutez les pommes de terre et le pain. Laisser mijoter 5 minutes.
- Garnir de feuilles de coriandre. Servir chaud.

Boulettes de maïs et fromage

il y a 8-10

Ingrédients

200 g de maïs doux

250 g de fromage mozzarella râpé

4 grosses pommes de terre bouillies et écrasées

2 piments verts, finement hachés

2,5 cm/1 pouce de racine de gingembre, finement hachée

1 cuillère à soupe de feuilles de coriandre hachées

1 cuillère à café de jus de citron

50 g de chapelure

Ajouter du sel au goût

Huile végétale raffinée pour la friture

50 g de semoule

méthode

- Mélangez tous les ingrédients sauf l'huile et la semoule dans un bol. Divisez en 8 à 10 boules.
- Faites chauffer l'huile dans une casserole. Rouler les boules dans la semoule et les faire frire à feu moyen jusqu'à ce qu'elles soient dorées. Servir chaud.

Flocons de maïs Chivda

(Snack de flocons de maïs cuits au four)

Donne 500 g/1 lb 2 oz

Ingrédients

250 g de cacahuètes

150 g de chana dhal*

100 g de raisins secs

125 g de noix de cajou

200 g de cornflakes

60 ml/2 fl oz d'huile végétale raffinée

7 piments verts, hachés

25 feuilles de curry

½ cuillère à café de curcuma

2 cuillères à café de sucre

Ajouter du sel au goût

méthode

- Rôtir les cacahuètes, le chana dhal, les raisins secs, les noix de cajou et les cornflakes jusqu'à ce qu'ils soient croustillants. Laisser de côté.
- Faites chauffer l'huile dans une casserole. Ajoutez les piments verts, les feuilles de curry et le curcuma. Cuire à feu moyen pendant une minute.
- Ajoutez le sucre, le sel et tous les ingrédients cuits. Faire sauter pendant 2-3 minutes.
- Laisser refroidir et conserver dans un contenant hermétique jusqu'à 8 jours.

Rouleau aux noix

il y a 20-25

Ingrédients

140 g de farine blanche nature

240 ml de lait

1 cuillère à soupe de beurre

Ajouter du sel au goût

Poivre noir moulu au goût

½ cuillère à soupe de feuilles de coriandre finement hachées

3-4 cuillères à soupe de fromage cheddar râpé

¼ cuillère à café de muscade râpée

125 g de noix de cajou, grossièrement moulues

125 g/4½ oz de cacahuètes, grossièrement moulues

50 g de chapelure

Huile végétale raffinée pour la friture

méthode

- Mélangez 85 g de farine avec le lait dans une casserole. Ajouter le beurre et cuire le mélange en remuant constamment à feu doux jusqu'à épaississement.
- Ajoutez du sel et du poivre. Laissez le mélange refroidir pendant 20 minutes.
- Ajouter les feuilles de coriandre, le cheddar, la muscade, les noix de cajou et les cacahuètes. Bien mélanger. Laisser de côté.
- Saupoudrer la moitié de la chapelure sur la plaque.
- Versez des cuillères à café du mélange de farine sur la chapelure et roulez en rouleaux. Laisser de côté.
- Mélangez le reste de la farine avec suffisamment d'eau pour obtenir un mélange fin. Trempez les rouleaux dans la pâte et roulez-les à nouveau dans la chapelure.
- Faites chauffer l'huile dans une casserole. Faire sauter les petits pains à feu moyen jusqu'à ce qu'ils deviennent légèrement bruns.
- Servir chaud avec du ketchup ou de l'ajvar à la noix de coco verte.

Chou à la viande hachée

il y a 12 ans

Ingrédients

1 cuillère à soupe d'huile végétale raffinée et un peu pour la friture

2 oignons finement hachés

2 tomates, hachées finement

½ cuillère à soupe de pâte de gingembre

½ cuillère à soupe de pâte d'ail

2 piments verts, tranchés

½ cuillère à café de curcuma

½ cuillère à café de poudre de chili

¼ cuillère à café de poivre noir moulu

500 g de poulet émincé

200 g de petits pois surgelés

2 petites pommes de terre, coupées en cubes

1 grosse carotte, coupée en dés

Ajouter du sel au goût

25 g/petites feuilles de coriandre finement hachées

12 grosses feuilles de chou, bouillies

2 oeufs battus

100 g de chapelure

méthode

- Faites chauffer 1 cuillère à soupe d'huile dans une casserole. Faites frire l'oignon jusqu'à ce qu'il devienne transparent.
- Ajouter les tomates, la pâte de gingembre, la pâte d'ail, les piments verts, le curcuma, la poudre de piment et le poivre. Bien mélanger et faire revenir 2 minutes à feu moyen.
- Ajouter le poulet haché, les petits pois, les pommes de terre, les carottes, le sel et les feuilles de coriandre. Cuire 20 à 30 minutes en remuant de temps en temps. Refroidissez le mélange pendant 20 minutes.
- Placez des cuillères à soupe du mélange moulu sur une feuille de chou frisé et roulez-la. Répétez l'opération pour les feuilles restantes. Tenez les rouleaux avec un cure-dent.
- Faites chauffer l'huile dans une casserole. Trempez les rouleaux dans l'œuf, enduisez-les de chapelure et faites-les frire jusqu'à ce qu'ils soient dorés.
- Égoutter et servir chaud.

Pav Bhaji

(Légumes épicés avec du pain)

Pour 4 personnes

Ingrédients

- 2 grosses pommes de terre bouillies
- 200 g de légumes mélangés surgelés (poivron vert, carotte, chou-fleur et petits pois)
- 2 cuillères à soupe de beurre
- 1½ cuillères à café de pâte d'ail
- 2 gros oignons, râpés
- 4 grosses tomates hachées
- 250 ml/8 onces liquides d'eau
- 2 cuillères à café de Pav Bhaji Masala*
- 1½ cuillères à café de poudre de chili
- ¼ cuillère à café de curcuma
- Jus de 1 citron
- Ajouter du sel au goût
- 1 cuillère à soupe de feuilles de coriandre hachées
- beurre de cuisson
- 4 pains à hamburger, coupés en deux

1 gros oignon finement haché

Petites tranches de citron

méthode

- Mélangez bien les légumes. Laisser de côté.
- Faites chauffer le beurre dans une casserole. Ajouter la pâte d'ail et d'oignon et faire revenir jusqu'à ce que l'oignon devienne doré. Ajouter les tomates et faire revenir, en remuant de temps en temps, à feu moyen pendant 10 minutes.
- Ajouter la purée de légumes, l'eau, le pav bhaji masala, la poudre de piment, le curcuma, le jus de citron et le sel. Laisser mijoter jusqu'à ce que la sauce épaississe. Réduire en purée et cuire 3 à 4 minutes en remuant constamment. Saupoudrer les feuilles de coriandre et bien mélanger. Laisser de côté.
- Faites chauffer une poêle plate. Tartinez-le de beurre et faites frire le pain à hamburger jusqu'à ce qu'il soit croustillant des deux côtés.
- Servir le mélange de légumes chaud avec les petits pains, accompagnés d'oignons et de quartiers de citron.

côtelette de soja

il y a 10

Ingrédients

300 g de dhal mungo*, trempé pendant 4 heures

Ajouter du sel au goût

400 g/14 oz de granulés de soja, trempés dans de l'eau tiède pendant 15 minutes

1 gros oignon finement haché

2-3 piments verts, finement hachés

1 cuillère à café d'amchoor*

1 cuillère à café de garam masala

2 cuillères à soupe de feuilles de coriandre hachées

Panela 150g/5½oz*ou du tofu râpé

Huile végétale raffinée pour la friture

méthode

- Ne laissez pas tomber le dhal. Salez et faites cuire dans une casserole à feu moyen pendant 40 minutes. Laisser de côté.
- Égouttez les granules de soja. Mélanger avec le dhal et réduire en une pâte épaisse.

- Dans une poêle antiadhésive, mélangez cette pâte avec tous les autres ingrédients, sauf l'huile. Cuire à feu doux jusqu'à ce qu'il soit sec.
- Divisez le mélange en boules de la taille d'un citron et façonnez-les en burgers.
- Faites chauffer l'huile dans une casserole. Faites frire les escalopes jusqu'à ce qu'elles soient dorées.
- Servir chaud avec un chutney de menthe.

bhel de maïs

(snack de maïs épicé)

Pour 4 personnes

Ingrédients

200 g/7 oz de grains de maïs cuits

100 g d'oignon nouveau, finement haché

1 pomme de terre cuite, pelée et hachée finement

1 tomate, hachée finement

1 concombre, haché finement

10 g de feuilles de coriandre hachées

1 cuillère à café de chaat masala*

2 cuillères à café de jus de citron

1 cuillère à soupe d'ajvar à la menthe

Ajouter du sel au goût

méthode

- Mélangez tous les ingrédients dans un bol pour bien mélanger.
- Sers immédiatement.

Methi Gota

(boulette de fenugrec frite)

il y a 20 ans

Ingrédients

500g/1lb 2oz de besan*

45 g de farine de blé entier

125 g de yaourt

4 cuillères à soupe d'huile végétale raffinée et un peu pour la friture

2 cuillères à café de bicarbonate de soude

50 g de feuilles de fenugrec fraîches, finement hachées

50 g de feuilles de coriandre finement hachées

1 banane mûre, pelée et écrasée

1 cuillère à soupe de graines de coriandre

10-15 grains de poivre noir

2 piments verts

½ cuillère à café de pâte de gingembre

½ cuillère à café de garam masala

Une pincée d'asafoetida

1 cuillère à café de poudre de chili

Ajouter du sel au goût

méthode

- Mélangez le besan, la farine et le yaourt.
- Ajoutez 2 cuillères à soupe d'huile et du bicarbonate de soude. Laisser fermenter 2-3 heures.
- Ajouter tous les ingrédients restants sauf l'huile. Bien mélanger pour obtenir un mélange épais.
- Faites chauffer 2 cuillères à soupe d'huile et ajoutez-les à la pâte. Mélangez bien et laissez reposer 5 minutes.
- Faites chauffer le reste de l'huile dans une casserole. Mettez de petites cuillerées de pâte dans l'huile et faites frire jusqu'à ce qu'elles soient dorées.
- Égoutter sur du papier absorbant. Servir chaud.

Idli

(gâteau de riz cuit)

Pour 4 personnes

Ingrédients

500 g de riz, trempé toute la nuit

300g/10oz d'urad dhal*, trempé toute la nuit

1 cuillère à soupe de sel

Une pincée de bicarbonate de soude

Huile végétale raffinée pour la lubrification.

méthode

- Égouttez le riz et le dhal et broyez-les ensemble.
- Ajoutez du sel et du bicarbonate de soude. Laissez reposer 8 à 9 heures pour fermenter.
- Beurrer les moules à gâteaux. Versez-y le mélange de riz et de dhal afin que chacun soit à moitié plein. Cuire à la vapeur pendant 10 à 12 minutes.
- Sortez les idlis. Servir chaud avec de l'ajvar à la noix de coco.

Idli plus

(gâteau de riz bouilli aux épices)

Pour 6

Ingrédients

500 g de riz, trempé toute la nuit

300g/10oz d'urad dhal*, trempé toute la nuit

1 cuillère à soupe de sel

¼ cuillère à café de curcuma

1 cuillère de sucre

Ajouter du sel au goût

1 cuillère à soupe d'huile végétale raffinée

½ cuillère à café de graines de cumin

½ cuillère à café de graines de moutarde

méthode

- Égouttez le riz et le dhal et broyez-les ensemble.
- Ajoutez du sel et laissez reposer pendant 8 à 9 heures pour fermenter.
- Ajouter le curcuma, le sucre et le sel. Bien mélanger et laisser reposer.
- Faites chauffer l'huile dans une casserole. Ajoutez le cumin et les graines de moutarde. Laissez-les pulvériser pendant 15 secondes.
- Ajouter le mélange de riz et de dhal. Couvrir avec un couvercle et laisser mijoter 10 minutes.
- Dépliez et retournez le mélange. Couvrez à nouveau et laissez cuire à feu doux pendant 5 minutes.
- Percez l'idli avec une fourchette. Si la fourchette ressort propre, l'idli est prêt.
- Couper en morceaux et servir chaud avec de l'ajvar à la noix de coco.

sandwich masala

il y a 6

Ingrédients

2 cuillères à café d'huile végétale raffinée

1 petit oignon finement haché

¼ cuillère à café de curcuma

1 grosse tomate, hachée finement

1 grosse pomme de terre, bouillie et écrasée

1 cuillère à soupe de petits pois bouillis

1 cuillère à café de chaat masala*

Ajouter du sel au goût

10 g de feuilles de coriandre hachées

50 g de beurre

12 tranches de pain

méthode

- Faites chauffer l'huile dans une casserole. Ajouter l'oignon et faire revenir jusqu'à ce qu'il soit transparent.
- Ajouter le curcuma et la tomate. Faire revenir à feu moyen pendant 2-3 minutes.
- Ajouter les pommes de terre, les pois, le chaat masala, le sel et les feuilles de coriandre. Bien mélanger et cuire une minute à feu doux. Laisser de côté.
- Tartiner les tranches de pain de beurre. Placez une couche du mélange de légumes sur les six tranches. Couvrir avec les tranches restantes et rôtir pendant 10 minutes. Retourner et griller à nouveau pendant 5 minutes. Servir chaud.

Kebab à la menthe

il y a 8

Ingrédients

10 g de feuilles de menthe finement hachées

500 g de fromage de chèvre égoutté

2 cuillères à café de farine de maïs

10 noix de cajou, hachées grossièrement

½ cuillère à café de poivre noir moulu

1 cuillère à café d'amchoor*

Ajouter du sel au goût

Huile végétale raffinée pour la friture.

méthode

- Mélangez tous les ingrédients sauf l'huile. Pétrir une pâte molle mais ferme. Divisez-les en 8 boules de la taille d'un citron et aplatissez-les.
- Faites chauffer l'huile dans une casserole. Faites frire les brochettes à feu moyen jusqu'à ce qu'elles soient dorées.
- Servir chaud avec un chutney de menthe.

Légumes Sevia Upma

(Snack avec des nouilles aux légumes)

Pour 4 personnes

Ingrédients

5 cuillères à soupe d'huile végétale raffinée

1 gros poivron vert, finement haché

¼ cuillère à café de graines de moutarde

2 piments verts, coupés dans le sens de la longueur

200 g de nouilles

8 feuilles de curry

Ajouter du sel au goût

Une pincée d'asafoetida

50 g de haricots finement hachés

1 carotte, hachée finement

50 g de petits pois surgelés

1 gros oignon finement haché

25 g/petites feuilles de coriandre finement hachées

Jus d'1 citron (facultatif)

méthode

- Faites chauffer 2 cuillères à soupe d'huile dans une casserole. Faites frire le poivron vert pendant 2-3 minutes. Laisser de côté.
- Faites chauffer 2 cuillères à soupe d'huile dans une autre casserole. Ajoutez les graines de moutarde. Laissez-les pulvériser pendant 15 secondes.
- Ajoutez les poivrons verts et les nouilles. Faire revenir 1 à 2 minutes à feu moyen, en remuant de temps en temps. Ajouter les feuilles de curry, le sel et l'asafoetida.
- Couvrir d'un peu d'eau et ajouter le poivron vert frit, les haricots verts, la carotte, les petits pois et l'oignon. Bien mélanger et cuire 3 à 4 minutes à feu moyen.
- Couvrir avec un couvercle et cuire encore une minute.
- Saupoudrer de feuilles de coriandre et de jus de citron. Servir chaud avec de l'ajvar à la noix de coco.

bhel

(sandwich au riz soufflé)

Pour 4-6 personnes

Ingrédients

2 grosses pommes de terre bouillies et coupées en cubes

2 gros oignons finement hachés

125 g de cacahuètes grillées

2 cuillères à soupe de cumin moulu, rôti à sec

300 g de mélange Bhel

250g/9oz mangue ajvar sucrée et épicée

60 g d'ajvar à la menthe

Ajouter du sel au goût

25 g/petites feuilles de coriandre hachées

méthode

- Mélangez les pommes de terre, l'oignon, les cacahuètes et le cumin moulu avec le Bhel Mix. Ajoutez les ajvars et le sel. Mélanger pour combiner.
- Disposez dessus les feuilles de coriandre. Sers immédiatement.

Sabudana Khichdi

(Snack de sagou avec pommes de terre et cacahuètes)

Pour 6

Ingrédients

300 g de sagou

250 ml/8 onces liquides d'eau

250 g/9 oz de cacahuètes, grossièrement moulues

Ajouter du sel au goût

2 cuillères à café de sucre

25 g/petites feuilles de coriandre hachées

2 cuillères à soupe d'huile végétale raffinée

1 cuillère à café de graines de cumin

5-6 piments verts, finement hachés

100 g de pommes de terre cuites et hachées

méthode

- Faire tremper le sagou toute la nuit dans l'eau. Ajouter les cacahuètes, le sel, le sucre et les feuilles de coriandre et bien mélanger. Laisser de côté.
- Faites chauffer l'huile dans une casserole. Ajouter les graines de cumin et les piments verts. Faites frire environ 30 secondes.
- Ajouter les pommes de terre et faire revenir 1 à 2 minutes à feu moyen.
- Ajoutez le mélange de sagou. Mélangez et mélangez bien.
- Couvrir avec un couvercle et laisser mijoter 2-3 minutes. Servir chaud.

Dhokla simple

(Gâteau simple cuit à la vapeur)

   il y a 25 ans

Ingrédients

   250 g de chana dhal*, trempé toute la nuit et égoutté

   2 piments verts

   1 cuillère à café de pâte de gingembre

   Une pincée d'asafoetida

   ½ cuillère à café de bicarbonate de soude

   Ajouter du sel au goût

   2 cuillères à soupe d'huile végétale raffinée

   ½ cuillère à café de graines de moutarde

   4-5 feuilles de curry

   4 cuillères à soupe de noix de coco fraîche râpée

   10 g de feuilles de coriandre hachées

méthode

- Broyez le dhal en une pâte grossière. Laisser fermenter 6 à 8 heures.
- Ajoutez les piments verts, la pâte de gingembre, l'asafoetida, le bicarbonate de soude, le sel, 1 cuillère à soupe d'huile et un peu d'eau. Bien mélanger.
- Beurrer un moule à gâteau rond de 20 cm et remplir de pâte.
- Cuire à la vapeur pendant 10 à 12 minutes. Laisser de côté.
- Faites chauffer le reste de l'huile dans une casserole. Ajoutez les graines de moutarde et les feuilles de curry. Laissez-les pulvériser pendant 15 secondes.
- Versez ceci sur les dhoklas. Garnir de feuilles de noix de coco et de coriandre. Couper en morceaux et servir chaud.

pommes de terre jaldi

Pour 4 personnes

Ingrédients

2 cuillères à café d'huile végétale raffinée

1 cuillère à café de graines de cumin

1 piment vert, haché

½ cuillère à café de sel noir

1 cuillère à café d'amchoor*

1 cuillère à café de coriandre moulue

4 grosses pommes de terre bouillies et coupées en cubes

2 cuillères à soupe de feuilles de coriandre hachées

méthode

- Faites chauffer l'huile dans une casserole. Ajoutez les graines de cumin et laissez-les grésiller pendant 15 secondes.
- Ajouter tous les ingrédients restants. Bien mélanger. Laisser mijoter 3-4 minutes. Servir chaud.

Dhokla orange

(gâteau à l'orange cuit à la vapeur)

il y a 25 ans

Ingrédients

50 g de semoule

250g/9oz de besan*

250 ml de crème sure

Ajouter du sel au goût

100 ml/3½ onces liquides d'eau

4 gousses d'ail

1 cm/½ racine de gingembre

3-4 piments verts

100 g de carottes râpées

¾ cuillère à café de bicarbonate de soude

¼ cuillère à café de curcuma

Huile végétale raffinée pour la lubrification.

1 cuillère à café de graines de moutarde

10-12 feuilles de curry

50 g de noix de coco râpée

25 g/petites feuilles de coriandre finement hachées

méthode

- Mélanger la semoule, le besan, la crème sure, le sel et l'eau. Laisser fermenter toute la nuit.
- Broyer ensemble l'ail, le gingembre et le piment.
- Ajouter à la pâte fermentée avec les carottes, le bicarbonate de soude et le curcuma. Bien mélanger.
- Beurrer un moule à cake rond de 20 cm avec un peu d'huile. Versez-y la pâte. Cuire à la vapeur pendant environ 20 minutes. Laissez refroidir et coupez en morceaux.
- Faites chauffer un peu d'huile dans une casserole. Ajoutez les graines de moutarde et les feuilles de curry. Faites-les frire pendant 30 secondes. Versez-le sur les morceaux de dhokla.
- Garnir de feuilles de noix de coco et de coriandre. Servir chaud.

Chou Muthia

(Raviolis à la vapeur)

Pour 4 personnes

Ingrédients

250 g de farine de blé entier

100 g de chou râpé

½ cuillère à café de pâte de gingembre

½ cuillère à café de pâte d'ail

Ajouter du sel au goût

2 cuillères à café de sucre

1 cuillère à soupe de jus de citron

2 cuillères à soupe d'huile végétale raffinée

1 cuillère à café de graines de moutarde

1 cuillère à soupe de feuilles de coriandre hachées

méthode

- Mélanger la farine, le chou, la pâte de gingembre, la pâte d'ail, le sel, le sucre, le jus de citron et 1 cuillère à soupe d'huile. Pétrir la pâte souple.
- Faire 2 longs rouleaux avec la pâte. Cuire à la vapeur pendant 15 minutes. Laisser refroidir et couper en tranches. Laisser de côté.
- Faites chauffer le reste de l'huile dans une casserole. Ajoutez les graines de moutarde. Laissez-les pulvériser pendant 15 secondes.
- Ajouter les rondelles tranchées et faire revenir à feu moyen jusqu'à ce qu'elles soient dorées. Garnir de feuilles de coriandre et servir au chaud.

Rava Dhokla

(gâteau de semoule cuit à la vapeur)

il y a 15-18 ans

Ingrédients

200 g de semoule

240 ml de crème sure

2 cuillères à café de piments verts

Ajouter du sel au goût

1 cuillère à café de poudre de piment rouge

1 cuillère à café de poivre noir moulu

méthode

- Mélanger la semoule et la crème sure. Fermenter pendant 5 à 6 heures.
- Ajoutez les poivrons verts et le sel. Bien mélanger.
- Placer le mélange de semoule dans un moule à gâteau rond de 20 cm. Saupoudrer de poudre de chili et de poivre. Cuire à la vapeur pendant 10 minutes.
- Couper en morceaux et servir chaud avec un chutney de menthe.

Chapatti Upma

(Bouchée rapide de Chapatti)

Pour 4 personnes

Ingrédients

6 chapatis restants coupés en petits morceaux

2 cuillères à soupe d'huile végétale raffinée

¼ cuillère à café de graines de moutarde

10-12 feuilles de curry

1 oignon moyen, haché

2-3 piments verts, finement hachés

¼ cuillère à café de curcuma

Jus de 1 citron

1 cuillère à café de sucre

Ajouter du sel au goût

10 g de feuilles de coriandre hachées

méthode

- Faites chauffer l'huile dans une casserole. Ajoutez les graines de moutarde. Laissez-les pulvériser pendant 15 secondes.

- Ajouter les feuilles de curry, l'oignon, le piment et le curcuma. Faire revenir à feu moyen jusqu'à ce que l'oignon soit doré. Ajoutez les chapatis.

- Arrosez de jus de citron, de sucre et de sel. Bien mélanger et cuire à feu moyen pendant 5 minutes. Garnir de feuilles de coriandre et servir au chaud.

Mung Dhokla

(gâteau aux haricots mungo cuit à la vapeur)

il y a environ 20 ans

Ingrédients

250 g de dhal mungo*, trempé pendant 2 heures

150 ml de crème sure

2 cuillères à soupe d'eau

Ajouter du sel au goût

2 carottes râpées ou 25 g/moins 1 oz de chou râpé

méthode

- Égouttez et broyez le dhal.
- Ajouter la crème sure et l'eau et laisser fermenter pendant 6 heures. Salez et mélangez bien pour former une pâte.
- Beurrez un moule à cake rond de 20 cm et versez-y la pâte. Saupoudrer de carottes ou de chou. Cuire à la vapeur pendant 7 à 10 minutes.
- Couper en morceaux et servir avec un chutney de menthe.

Escalope de bœuf moghole

(Délicieuse côtelette de viande)

il y a 12 ans

Ingrédients

1 cuillère à café de pâte de gingembre

1 cuillère à café de pâte d'ail

Ajouter du sel au goût

500 g/1 lb 2 oz d'agneau désossé, haché

240 ml/8 onces liquides d'eau

1 cuillère à soupe de cumin moulu

¼ cuillère à café de curcuma

Huile végétale raffinée pour la friture.

2 oeufs battus

50 g de chapelure

méthode

- Mélangez la pâte de gingembre, la pâte d'ail et le sel. Faites mariner l'agneau dans ce mélange pendant 2 heures.
- Cuire l'agneau dans une casserole d'eau à feu moyen jusqu'à ce qu'il soit tendre. Réservez le bouillon et réservez l'agneau.
- Ajouter le cumin et le curcuma au bouillon. Bien mélanger.
- Transférer le bouillon dans la casserole et laisser mijoter jusqu'à ce que l'eau s'évapore. Faites mariner à nouveau l'agneau dans ce mélange pendant 30 minutes.
- Faites chauffer l'huile dans une casserole. Trempez chaque morceau d'agneau dans l'œuf battu, roulez-le dans la chapelure et faites-le frire jusqu'à ce qu'il soit doré. Servir chaud.

Masala Vada

(Boulette frite épicée)

il y a 15 ans

Ingrédients

300 g de chana dhal*, trempé dans 500 ml/16 fl oz d'eau pendant 3-4 heures

50 g d'oignon finement haché

25 g/petites feuilles de coriandre hachées

25 g de petites feuilles d'aneth, finement hachées

½ cuillère à café de graines de cumin

Ajouter du sel au goût

3 cuillères à soupe d'huile végétale extra raffinée pour la friture

méthode

- Broyez grossièrement le dhal. Mélanger avec tous les ingrédients sauf l'huile.
- Ajoutez 3 cuillères à soupe d'huile au mélange de dhal. Préparez des burgers ronds et plats.
- Faites chauffer le reste de l'huile dans une poêle. Faire sauter les hamburgers. Servir chaud.

Chou Chivda

(Snack au chou et riz battu)

Pour 4 personnes

Ingrédients

100 g de chou finement haché

Ajouter du sel au goût

3 cuillères à soupe d'huile végétale raffinée

125 g de cacahuètes

150 g de chana dhal*, cuit

1 cuillère à café de graines de moutarde

Une pincée d'asafoetida

200 g de chapelure*, trempé dans l'eau

1 cuillère à café de pâte de gingembre

4 cuillères à café de sucre

1½ cuillères à soupe de jus de citron

25 g/petites feuilles de coriandre hachées

méthode

- Mélangez le chou avec du sel et laissez reposer 10 minutes.
- Faites chauffer 1 cuillère à soupe d'huile dans une poêle. Faites frire les cacahuètes et le chana dhal pendant 2 minutes à feu moyen. Égoutter et réserver.
- Faites chauffer le reste de l'huile dans une poêle. Faites frire les graines de moutarde, l'asafoetida et le chou pendant 2 minutes. Couvrir d'un peu d'eau, couvrir et laisser cuire à feu doux pendant 5 minutes. Ajouter le poha, la pâte de gingembre, le sucre, le jus de citron et le sel. Bien mélanger et cuire 10 minutes.
- Garnir de feuilles de coriandre, de cacahuètes frites et de dhala. Servir chaud.

Pain Besan Bhajji

(sandwich au pain et farine de pois chiches)

il y a 32 ans

Ingrédients

175g/6oz Besan*

1 250 ml/5 onces liquides d'eau

½ cuillère à café de graines d'ajowan

Ajouter du sel au goût

Huile végétale raffinée pour la friture

8 tranches de pain, coupées en deux

méthode

- Préparez une pâte épaisse en mélangeant le besan avec de l'eau. Ajouter les graines d'ajowan et le sel. Frappez bien.
- Faites chauffer l'huile dans la poêle. Trempez les morceaux de pain dans la pâte et faites-les frire jusqu'à ce qu'ils soient dorés. Servir chaud.

Kebab Methi Seekh

(Brochettes de menthe aux feuilles de fenugrec)

il y a 8-10

Ingrédients

100 g de feuilles de fenugrec hachées

3 grosses pommes de terre bouillies et écrasées

1 cuillère à café de pâte de gingembre

1 cuillère à café de pâte d'ail

4 piments verts, finement hachés

1 cuillère à café de cumin moulu

1 cuillère à café de coriandre moulue

½ cuillère à café de garam masala

Ajouter du sel au goût

2 cuillères à soupe de chapelure

Huile végétale raffinée pour arroser

méthode

- Mélangez tous les ingrédients sauf l'huile. Former des hamburgers.

- Embrocher et griller sur du charbon de bois, en arrosant d'huile et en retournant de temps en temps. Servir chaud.

Jhinga Hariyali

(crevettes vertes)

il y a 20 ans

Ingrédients

Ajouter du sel au goût

Jus de 1 citron

20 crevettes décortiquées et veinées (garder la queue)

75 g de feuilles de menthe finement hachées

75 g de feuilles de coriandre hachées

1 cuillère à café de pâte de gingembre

1 cuillère à café de pâte d'ail

Une pincée de garam masala

1 cuillère à soupe d'huile végétale raffinée

1 petit oignon, tranché

méthode

- Frottez les crevettes avec du sel et du jus de citron. Laissez reposer 20 minutes.
- Broyez ensemble 50 g de feuilles de menthe, 50 g de feuilles de coriandre, la pâte de gingembre, la pâte d'ail et le garam masala.
- Ajoutez les crevettes et laissez reposer 30 minutes. Saupoudrer d'huile sur le dessus.
- Embrocher les crevettes et les faire griller sur du charbon de bois, en les retournant de temps en temps.
- Garnir avec le reste des feuilles de coriandre et de menthe et l'oignon émincé. Servir chaud.

Methi Adaï

(crêpe au fenugrec)

il y a 20-22

Ingrédients

100 g de riz

100 g d'urad dhal*

100 g de dhal mungo*

100 g de chana dhal*

100 g de masur dhal*

Une pincée d'asafoetida

6-7 feuilles de curry

Ajouter du sel au goût

50 g de feuilles de fenugrec fraîches, hachées

Huile végétale raffinée pour la lubrification.

méthode

- Faire tremper le riz et le dhal ensemble pendant 3 à 4 heures.
- Égoutter le riz et le dhal et ajouter l'asafoetida, les feuilles de curry et le sel. Mixez et laissez fermenter 7 heures. Ajoutez les feuilles de fenugrec.
- Beurrez la poêle et faites-la chauffer. Ajoutez une cuillère à soupe du mélange fermenté et étalez-le en forme de crêpe. Enduire les bords d'huile et cuire à feu moyen pendant 3-4 minutes. Retourner et cuire encore 2 minutes.
- Répétez pour le reste de la pâte. Servir chaud avec de l'ajvar à la noix de coco.

Chat aux pois

Pour 4 personnes

Ingrédients

2 cuillères à café d'huile végétale raffinée

½ cuillère à café de graines de cumin

300 g de petits pois en conserve

½ cuillère à café d'amchoor*

¼ cuillère à café de curcuma

¼ cuillère à café de garam masala

1 cuillère à café de jus de citron

5 cm de racine de gingembre, pelée et coupée en julienne

méthode

- Faites chauffer l'huile dans une casserole. Ajoutez les graines de cumin et laissez-les grésiller pendant 15 secondes. Ajouter les pois, l'amchoor, le curcuma et le garam masala. Bien mélanger et cuire 2 à 3 minutes en remuant de temps en temps.
- Garnir de jus de citron et de gingembre. Servir chaud.

Shingada

(Délicieux bengali)

il y a 8-10

Ingrédients

2 cuillères à soupe d'huile végétale extra raffinée pour la friture

1 cuillère à café de graines de cumin

200 g de petits pois cuits

2 pommes de terre bouillies et hachées

1 cuillère à café de coriandre moulue

Ajouter du sel au goût

Pour la pâtisserie :

350 g de farine blanche nature

¼ cuillère à café de sel

un peu d'eau

méthode

- Faites chauffer 2 cuillères à soupe d'huile dans une casserole. Ajoutez les graines de cumin. Laissez-les pulvériser pendant 15 secondes. Ajoutez les petits pois, les pommes de terre, la coriandre moulue et le sel. Bien mélanger et faire revenir à feu moyen pendant 5 minutes. Laisser de côté.
- Préparez des cornets de pâte avec les ingrédients de la pâte, comme dans la recette du samosa aux pommes de terre. Remplissez les cornets avec le mélange de légumes et fermez.
- Faites chauffer le reste de l'huile dans une poêle. Faites frire les cornets à feu moyen jusqu'à ce qu'ils soient dorés. Servir chaud avec un chutney de menthe.

Bhajia à l'oignon

(beignets d'oignons)

il y a 20 ans

Ingrédients

250g/9oz de besan*

4 gros oignons, tranchés finement

Ajouter du sel au goût

½ cuillère à café de curcuma

150 millilitres d'eau

Huile végétale raffinée pour la friture.

méthode

- Mélanger le besan, l'oignon, le sel et le curcuma. Ajouter de l'eau et bien mélanger.
- Faites chauffer l'huile dans la poêle. Ajouter des cuillerées du mélange et faire revenir jusqu'à ce qu'il soit doré. Égoutter sur du papier absorbant et servir chaud.

Bagani Murgh

(Poulet à la pâte de cajou)

il y a 12 ans

Ingrédients

500 g de poulet désossé, coupé en dés

1 petit oignon, tranché

1 tomate, tranchée

1 concombre, tranché

1 cuillère à café de pâte de gingembre

1 cuillère à café de pâte d'ail

2 piments verts, finement hachés

10 g de feuilles de menthe hachées

10 g de feuilles de coriandre moulues

Ajouter du sel au goût

Pour la marinade :

6-7 noix de cajou, moulues en pâte

2 cuillères à soupe de crème liquide

méthode

- Mélangez les ingrédients de la marinade. Faites mariner le poulet dans ce mélange pendant 4 à 5 heures.
- Embrocher et griller sur du charbon de bois, en retournant de temps en temps.
- Garnir d'oignon, de tomate et de concombre. Servir chaud.

Tikki aux pommes de terre

(Burgers de pommes de terre)

il y a 12 ans

Ingrédients

4 grosses pommes de terre bouillies et écrasées

1 cuillère à café de pâte de gingembre

1 cuillère à café de pâte d'ail

Jus de 1 citron

1 gros oignon finement haché

25 g/petites feuilles de coriandre hachées

¼ cuillère à café de poudre de chili

Ajouter du sel au goût

2 cuillères à soupe de farine de riz

3 cuillères à soupe d'huile végétale raffinée

méthode

- Mélangez les pommes de terre avec la pâte de gingembre, la pâte d'ail, le jus de citron, l'oignon, les feuilles de coriandre, la poudre de chili et le sel. Bien pétrir. Former des hamburgers.
- Saupoudrer les burgers de farine de riz.
- Faites chauffer l'huile dans la poêle. Faites frire les boulettes de viande à feu moyen-vif jusqu'à ce qu'elles soient dorées. Égoutter et servir chaud avec un chutney de menthe.

Vada à la patate douce

(raviolis aux pommes de terre)

il y a 12-14 ans

Ingrédients

1 cuillère à café d'huile végétale raffinée et un supplément pour la friture

½ cuillère à café de graines de moutarde

½ cuillère à café d'urad dhal*

½ cuillère à café de curcuma

5 pommes de terre bouillies et écrasées

Ajouter du sel au goût

Jus de 1 citron

250g/9oz de besan*

Une pincée d'asafoetida

120 ml d'eau

méthode

- Faites chauffer 1 cuillère à café d'huile dans une poêle. Ajouter les graines de moutarde, l'urad dhal et le curcuma. Laissez-les pulvériser pendant 15 secondes.
- Versez-le sur les pommes de terre. Ajoutez également du sel et du jus de citron. Bien mélanger.
- Divisez le mélange de pommes de terre en boules de la taille d'une noix. Laisser de côté.
- Mélangez le besan, l'asafoetida, le sel et l'eau pour former une pâte.
- Faites chauffer le reste de l'huile dans une poêle. Trempez les boulettes de pommes de terre dans la pâte et faites-les revenir jusqu'à ce qu'elles soient dorées. Égoutter et servir avec un chutney à la menthe.

Mini-brochette de poulet

il y a 8

Ingrédients

350 g de poulet haché

125g/4½oz de besançon*

1 gros oignon finement haché

½ cuillère à café de pâte de gingembre

½ cuillère à café de pâte d'ail

1 cuillère à café de jus de citron

¼ cuillère à café de poudre de cardamome verte

1 cuillère à soupe de feuilles de coriandre hachées

Ajouter du sel au goût

1 cuillère à soupe de graines de sésame

méthode

- Mélangez tous les ingrédients, sauf les graines de sésame.
- Divisez le mélange en boules et saupoudrez de graines de sésame.
- Cuire au four à 190 ºC (375 ºF, thermostat 5) pendant 25 minutes. Servir chaud avec un chutney de menthe.

Risol de lentilles

il y a 12 ans

Ingrédients

2 cuillères à soupe d'huile végétale extra raffinée pour la friture

2 petits oignons, finement hachés

2 carottes, hachées finement

600 g/1 lb 5 oz de masoor dhal*

500 ml/16 onces liquides d'eau

2 cuillères à soupe de coriandre moulue

Ajouter du sel au goût

25 g/petites feuilles de coriandre hachées

100 g de chapelure

2 cuillères à soupe de farine blanche molle

1 oeuf battu

méthode

- Faites chauffer 1 cuillère à soupe d'huile dans une poêle. Ajouter l'oignon et la carotte et faire revenir à feu moyen pendant 2-3 minutes en remuant fréquemment. Ajouter le masoor dhal, l'eau, la coriandre moulue et le sel. Cuire 30 minutes en remuant.

- Ajoutez les feuilles de coriandre et la moitié de la chapelure. Bien mélanger.

- Façonner les saucisses et saupoudrer de farine. Passez les beignets dans l'œuf battu et passez-les dans le reste de la chapelure. Laisser de côté.

- Faites chauffer le reste de l'huile. Cuire le rôti peu profond jusqu'à ce qu'il soit doré, en le retournant une fois. Servir chaud avec de l'ajvar à la noix de coco verte.

Poha nourrissant

Pour 4 personnes

Ingrédients

1 cuillère à soupe d'huile végétale raffinée

125 g de cacahuètes

1 oignon finement haché

¼ cuillère à café de curcuma

Ajouter du sel au goût

1 pomme de terre bouillie et hachée

200 g de chapelure*, trempé 5 minutes et égoutté

1 cuillère à café de jus de citron

1 cuillère à soupe de feuilles de coriandre hachées

méthode

- Faites chauffer l'huile dans une casserole. Faites revenir les cacahuètes, l'oignon, le curcuma et le sel à feu moyen pendant 2-3 minutes.
- Ajoutez les pommes de terre et le poha. Faire frire à feu doux jusqu'à consistance lisse.
- Garnir de jus de citron et de feuilles de coriandre. Servir chaud.

haricots usagés

(Haricots à la sauce épicée)

Pour 4 personnes

Ingrédients

300g/10oz de dhal masoor*, trempé dans l'eau chaude pendant 20 minutes

¼ cuillère à café de curcuma

Ajouter du sel au goût

50 g de haricots finement hachés

240 ml/8 onces liquides d'eau

1 cuillère à soupe d'huile végétale raffinée

¼ cuillère à café de graines de moutarde

Quelques feuilles de curry

Ajouter du sel au goût

méthode

- Mélangez le dhal, le curcuma et le sel. Broyer jusqu'à obtenir une pâte épaisse.
- Cuire à la vapeur pendant 20 à 25 minutes. Laisser refroidir 20 minutes. Émietter le mélange avec les doigts. Laisser de côté.
- Faites cuire les haricots verts avec de l'eau et un peu de sel dans une casserole à feu moyen jusqu'à ce qu'ils soient tendres. Laisser de côté.
- Faites chauffer l'huile dans une casserole. Ajoutez les graines de moutarde. Laissez-les pulvériser pendant 15 secondes. Ajouter les feuilles de curry et le dhal émietté.
- Faire sauter environ 3-4 minutes à feu moyen jusqu'à ce qu'il soit ramolli. Ajouter les haricots cuits et bien mélanger. Servir chaud.

Pakoda au pain et chutney

Pour 4 personnes

Ingrédients

250g/9oz de besan*

150 millilitres d'eau

½ cuillère à café de graines d'ajowan

125 g d'ajvar à la menthe

12 tranches de pain

Huile végétale raffinée pour la friture

méthode

- Mélangez le besan avec de l'eau pour obtenir une consistance de pâte à crêpes. Ajoutez les graines d'ajowan et mélangez délicatement. Laisser de côté.
- Étalez du chutney de menthe sur une tranche de pain et placez-en une autre dessus. Répétez l'opération pour toutes les tranches de pain. Coupez-les en deux en diagonale.
- Faites chauffer l'huile dans la poêle. Trempez les sandwichs dans la pâte et faites-les frire à feu moyen jusqu'à ce qu'ils soient dorés. Servir chaud avec de la sauce tomate.

Methi Khakra Délice

(collation au fenugrec)

il y a 16 ans

Ingrédients

50 g de feuilles de fenugrec fraîches, finement hachées

300 g de farine de blé entier

1 cuillère à café de poudre de chili

¼ cuillère à café de curcuma

½ cuillère à café de coriandre moulue

1 cuillère à soupe d'huile végétale raffinée

Ajouter du sel au goût

120 ml d'eau

méthode

- Mélangez tous les ingrédients. Pétrir une pâte molle mais ferme.
- Divisez la pâte en 16 boules de la taille d'un citron. Rouler en disques très fins.
- Faites chauffer une poêle plate. Placer les disques sur une plaque plate et cuire au four jusqu'à ce qu'ils soient dorés. Répétez de l'autre côté. Conserver dans un récipient hermétiquement fermé.

côtelette verte

il y a 12 ans

Ingrédients

200 g d'épinards finement hachés

4 pommes de terre bouillies et écrasées

200 g de dhal mungo*, bouilli et réduit en purée

25 g/petites feuilles de coriandre hachées

2 piments verts, finement hachés

1 cuillère à café de garam masala

1 gros oignon finement haché

Ajouter du sel au goût

1 cuillère à café de pâte d'ail

1 cuillère à café de pâte de gingembre

Huile végétale raffinée pour la friture.

250 g de chapelure

méthode

- Mélangez les épinards et les pommes de terre. Ajouter le mungo dhal, les feuilles de coriandre, les piments verts, le garam masala, l'oignon, le sel, la pâte d'ail et la pâte de gingembre. Bien pétrir.
- Divisez le mélange en morceaux de la taille d'une noix et formez chacun des escalopes.
- Faites chauffer l'huile dans la poêle. Rouler les escalopes dans la chapelure et les faire frire jusqu'à ce qu'elles soient dorées. Servir chaud.

main

(Gâteau de semoule salée)

Pour 4 personnes

Ingrédients

100 g de semoule

125g/4½oz de besançon*

200 g de yaourt

25 g de courgettes râpées

1 carotte râpée

25 g de petits pois verts

½ cuillère à café de curcuma

½ cuillère à café de poudre de chili

½ cuillère à café de pâte de gingembre

½ cuillère à café de pâte d'ail

1 piment vert, finement haché

Ajouter du sel au goût

Une pincée d'asafoetida

½ cuillère à café de bicarbonate de soude

4 cuillères à soupe d'huile végétale raffinée

¾ cuillère à café de graines de moutarde

½ cuillère à café de graines de sésame

méthode

- Mélangez la semoule, le besan et le yaourt dans une casserole. Ajoutez le potiron râpé, la carotte et les petits pois.
- Ajoutez le curcuma, la poudre de piment, la pâte de gingembre, la pâte d'ail, le piment vert, le sel et l'asafoetida pour obtenir une pâte. Elle doit avoir la consistance d'une pâte à gâteau. Sinon, ajoutez quelques cuillères à soupe d'eau.
- Ajouter le bicarbonate de soude et bien mélanger. Laisser de côté.
- Faites chauffer l'huile dans une casserole. Ajoutez la moutarde et les graines de sésame. Laissez-les pulvériser pendant 15 secondes.
- Versez la pâte dans la casserole. Couvrir avec un couvercle et laisser mijoter 10 à 12 minutes.
- Dépliez délicatement et retournez la pâte durcie à l'aide d'une spatule. Couvrez à nouveau et laissez cuire à feu doux encore 15 minutes.
- Piquez avec une fourchette pour vérifier si c'est cuit. Si elle est cuite, la fourchette en ressortira propre. Servir chaud.

Ghugra

(Croissants au centre de légumes salés)

Pour 4 personnes

Ingrédients

5 cuillères à soupe d'huile végétale extra raffinée pour la friture

Une pincée d'asafoetida

400 g de pois en conserve, moulus

250 ml/8 onces liquides d'eau

Ajouter du sel au goût

5 cm de racine de gingembre finement hachée

2 cuillères à café de jus de citron

1 cuillère à soupe de feuilles de coriandre hachées

350 g de farine de blé entier

méthode

- Faites chauffer 2 cuillères à soupe d'huile dans une casserole. Ajouter l'asafoetida. Quand ça grésille, ajoutez les petits pois et 120 ml d'eau. Cuire à feu moyen pendant 3 minutes.

- Ajoutez le sel, le gingembre et le jus de citron. Bien mélanger et cuire encore 5 minutes. Saupoudrer de feuilles de coriandre et réserver.

- Mélangez la farine avec le sel, le reste de l'eau et 3 cuillères à soupe d'huile. Divisez en boules et formez des disques ronds de 10 cm/4 pouces.

- Placez un peu du mélange de pois sur chaque disque de manière à ce que la moitié du disque soit recouverte du mélange. Pliez l'autre moitié pour former un « D ». Fermez en rapprochant les bords.

- Chauffer l'huile. Faites frire le ghugra à feu moyen jusqu'à ce qu'il soit doré. Servir chaud.

brochette de banane

il y a 20 ans

Ingrédients

6 bananes vertes

1 cuillère à café de pâte de gingembre

250g/9oz de besan*

25 g/petites feuilles de coriandre hachées

½ cuillère à café de poudre de chili

1 cuillère à café d'amchoor*

Jus de 1 citron

Ajouter du sel au goût

240 ml/8 fl oz d'huile végétale raffinée pour friture peu profonde

méthode

- Faites bouillir les bananes avec la peau pendant 10 à 15 minutes. Égoutter et peler.

- Mélanger avec le reste des ingrédients, sauf l'huile. Former des hamburgers.

- Faites chauffer l'huile dans la poêle. Faites frire les boulettes de viande jusqu'à ce qu'elles soient dorées. Servir chaud.

masala de crevettes

Pour 4 personnes

Ingrédients

4 cuillères à soupe d'huile végétale raffinée

3 oignons, 1 tranché et 2 hachés

2 cuillères à café de graines de coriandre

3 dents

2,5 cm/1 pouce de cannelle

5 grains de poivre

100 g de noix de coco fraîchement râpée

6 piments rouges séchés

500 g de crevettes décortiquées et déveinées

½ cuillère à café de curcuma

250 ml/8 onces liquides d'eau

2 cuillères à café de pâte de tamarin

Ajouter du sel au goût

méthode

- Faites chauffer 1 cuillère à soupe d'huile dans une casserole. Faites revenir l'oignon émincé, les graines de coriandre, les clous de girofle, la cannelle, les grains de poivre, la noix de coco et le piment rouge pendant 2-3 minutes à feu moyen. Broyer jusqu'à obtenir une pâte lisse. Laisser de côté.
- Faites chauffer le reste de l'huile dans une casserole. Ajouter l'oignon haché et faire revenir à feu moyen jusqu'à ce qu'il soit doré. Ajouter les crevettes, le curcuma et l'eau. Bien mélanger et laisser cuire à feu doux pendant 5 minutes.
- Ajoutez la pâte moulue, la pâte de tamarin et le sel. Faire sauter pendant 15 minutes. Servir chaud.

poisson à l'ail

Pour 4 personnes

Ingrédients

500 g d'espadon, pelé et coupé en filets

Ajouter du sel au goût

1 cuillère à café de curcuma

1 cuillère à soupe d'huile végétale raffinée

2 gros oignons finement râpés

2 cuillères à café de pâte d'ail

½ cuillère à café de pâte de gingembre

1 cuillère à café de coriandre moulue

125 g de purée de tomates

méthode

- Faites mariner le poisson dans le sel et le curcuma pendant 30 minutes.
- Faites chauffer l'huile dans une casserole. Ajouter l'oignon, la pâte d'ail, la pâte de gingembre et la coriandre moulue. Faire frire à feu moyen pendant 2 minutes.
- Ajoutez le concentré de tomates et le poisson. Laisser mijoter 15 à 20 minutes. Servir chaud.

riz aux pommes de terre

Pour 4 personnes

Ingrédients

150 g/5½ oz de ghee plus friteuse

1 gros oignon

2,5 cm/1 pouce de racine de gingembre

6 gousses d'ail

125 g de yaourt fouetté

4 cuillères à soupe de lait

2 gousses de cardamome verte

2 dents

1 cm/½ de cannelle

250 g de riz basmati trempé 30 minutes et égoutté

Ajouter du sel au goût

1 litre/1¾ litre d'eau

15 noix de cajou, frites

Pour les boulettes de viande :

3 grosses pommes de terre bouillies et écrasées

125g/4½oz de besançon*

½ cuillère à café de poudre de chili

½ cuillère à café de curcuma

1 cuillère à café de poudre de garam masala

1 gros oignon, râpé

méthode

- Mélangez tous les ingrédients des boulettes de viande. Divisez le mélange en boules.
- Faites chauffer le ghee pour le faire frire dans une poêle. Ajouter les boulettes de viande et faire revenir à feu moyen jusqu'à ce qu'elles soient dorées. Égouttez-les et réservez.
- Broyer l'oignon, le gingembre et l'ail en une pâte.
- Faites chauffer 60 g de ghee dans une casserole. Ajouter les pâtes et faire revenir à feu moyen jusqu'à ce qu'elles soient translucides.
- Ajoutez les raviolis au yaourt, au lait et aux pommes de terre. Faites cuire le mélange pendant 10 à 12 minutes. Laisser de côté.
- Faites chauffer le ghee restant dans une autre poêle. Ajouter la cardamome, les clous de girofle, la cannelle, le riz, le sel et l'eau. Couvrir avec un couvercle et laisser mijoter 15 à 20 minutes.
- Disposez le mélange de riz et de pommes de terre en couches alternées dans un plat allant au four. Terminez par une couche de riz. Garnir de noix de cajou.
- Cuire le riz et les pommes de terre au four à 200°C (400°F, thermostat 6) pendant 7 à 8 minutes. Servir chaud.

Pulao aux légumes

Pour 4 personnes

Ingrédients

5 cuillères à soupe d'huile végétale raffinée

2 dents

2 gousses de cardamome verte

4 grains de poivre noir

2,5 cm/1 pouce de cannelle

1 gros oignon finement haché

1 cuillère à café de pâte de gingembre

1 cuillère à café de pâte d'ail

2 piments verts, finement hachés

1 cuillère à café de garam masala

150 g de légumes mélangés (haricots, pommes de terre, carottes, etc.)

500 g de riz à grains longs, trempé 30 minutes et égoutté

Ajouter du sel au goût

600 ml/1 litre d'eau chaude

méthode

- Faites chauffer l'huile dans une casserole. Ajouter les clous de girofle, la cardamome, les grains de poivre et la cannelle. Laissez-les pulvériser pendant 15 secondes.
- Ajouter l'oignon et faire revenir à feu moyen pendant 2-3 minutes en remuant de temps en temps.
- Ajouter la pâte de gingembre, la pâte d'ail, les piments verts et le garam masala. Bien mélanger. Faites frire ce mélange pendant une minute.
- Ajoutez les légumes et le riz. Faites frire le pulao à feu moyen pendant 4 minutes.
- Ajoutez du sel et de l'eau. Bien mélanger. Cuire une minute à feu moyen.
- Couvrir avec un couvercle et laisser mijoter 10 à 12 minutes. Servir chaud.

Kachche Gosht ki Biryani

(Lamb Biryani)

   Pour 4-6 personnes

Ingrédients

   1 kg/2¼lb d'agneau, coupé en morceaux de 5 cm/2 pouces

   1 litre/1¾ litre d'eau

   Ajouter du sel au goût

   6 dents

   5 cm/2 de cannelle

   5 gousses de cardamome verte

   4 feuilles de laurier

   6 grains de poivre noir

   750 g de riz basmati, trempé 30 minutes et égoutté

   150 g de ghee

   Une pincée de safran dissoute dans 1 cuillère à soupe de lait

   5 gros oignons, tranchés et frits

Pour la marinade :

   200 g de yaourt

   1 cuillère à café de curcuma

1 cuillère à café de poudre de chili

1 cuillère à café de pâte de gingembre

1 cuillère à café de pâte d'ail

1 cuillère à café de sel

25 g/petites feuilles de coriandre finement hachées

25 g/petites feuilles de menthe hachées finement

méthode

- Mélangez tous les ingrédients de la marinade et faites mariner les morceaux d'agneau dans ce mélange pendant 4 heures.
- Dans une casserole, mélangez l'eau avec le sel, les clous de girofle, la cannelle, la cardamome, le laurier et les grains de poivre. Cuire à feu moyen pendant 5 à 6 minutes.
- Ajoutez le riz égoutté. Cuire 5 à 7 minutes. Égoutter l'excès d'eau et réserver le riz.
- Versez le ghee dans un grand plat allant au four et placez la viande marinée dessus. Disposez le riz en couche sur la viande.
- Saupoudrez du lait au safran et un peu de ghee sur la couche supérieure.
- Fermez la casserole avec du papier d'aluminium et couvrez-la avec un couvercle.

- Laisser mijoter 40 minutes.
- Retirer du feu et laisser reposer encore 30 minutes.

- Garnir le biryani d'oignon. Servir à température ambiante.

Achari Gosht ki Biryani

(Biryani de mouton mariné)

Pour 4-6 personnes

Ingrédients

- 4 oignons moyens, finement hachés
- 400 g de yaourt
- 2 cuillères à café de pâte de gingembre
- 2 cuillères à café de pâte d'ail
- 1 kg/2¼lb d'agneau, coupé en morceaux de 5 cm/2 pouces
- 2 cuillères à café de graines de cumin
- 2 cuillères à café de graines de fenugrec
- 1 cuillère à café de graines d'oignon
- 2 cuillères à café de graines de moutarde
- 10 piments verts
- 6½ cuillères à soupe de ghee
- 50 g de feuilles de menthe finement hachées
- 100 g de feuilles de coriandre finement hachées
- 2 tomates, en quartiers
- 750 g de riz basmati, trempé 30 minutes et égoutté
- Ajouter du sel au goût

3 dents

2 feuilles de laurier

5 cm/2 de cannelle

4 grains de poivre noir

Une grosse pincée de safran dissoute dans 1 cuillère à soupe de lait

méthode

- Mélangez l'oignon, le yaourt, le gingembre et la pâte d'ail. Faites mariner l'agneau dans ce mélange pendant 30 minutes.
- Faites revenir à sec le cumin, le fenugrec, l'oignon et les graines de moutarde. Battez-les jusqu'à obtenir un mélange épais.
- Coupez les poivrons verts en nouilles et remplissez-les du mélange fouetté. Laisser de côté.
- Faites chauffer 6 cuillères à soupe de ghee dans une casserole. Ajoutez l'agneau. Faites revenir l'agneau à feu moyen pendant 20 minutes. Assurez-vous que tous les côtés de l'agneau sont uniformément dorés.
- Ajoutez les poivrons verts farcis. Poursuivez la cuisson encore 10 minutes.
- Ajouter les feuilles de menthe, les feuilles de coriandre et les tomates. Bien mélanger pendant 5 minutes. Laisser de côté.
- Mélangez le riz avec le sel, les clous de girofle, le laurier, la cannelle et les grains de poivre. Faire bouillir le mélange. Laisser de côté.
- Versez le ghee restant dans un plat allant au four.

- Mettez les morceaux de mouton frits sur le ghee. Étalez le riz cuit en couche sur l'agneau.
- Versez le lait au safran sur le riz.
- Fermez le récipient avec du papier d'aluminium et couvrez avec un couvercle. Cuire le biryani dans un four préchauffé à 200°C (400°F, thermostat 6) pendant 8 à 10 minutes.
- Servir chaud.

rouleau nutritif

il y a 8-10

Ingrédients

200 g d'épinards finement hachés

1 carotte, hachée finement

125 g de petits pois surgelés

50 g de haricots mungo germés

3-4 grosses pommes de terre, bouillies et écrasées

2 gros oignons finement hachés

½ cuillère à café de pâte de gingembre

½ cuillère à café de pâte d'ail

1 piment vert, finement haché

½ cuillère à café d'amchoor*

Ajouter du sel au goût

½ cuillère à café de poudre de chili

3 cuillères à soupe de feuilles de coriandre finement hachées

Huile végétale raffinée pour la friture

8 à 10 chapatis

2 cuillères à soupe d'ajvar à la mangue sucrée et épicée

méthode

- Cuire ensemble les épinards, les carottes, les pois et les haricots mungo.
- Mélangez les légumes cuits à la vapeur avec les pommes de terre, les oignons, la pâte de gingembre, la pâte d'ail, les piments verts, l'amchoor, le sel, la poudre de piment et les feuilles de coriandre. Bien mélanger pour obtenir un mélange lisse.
- Façonnez le mélange en petites galettes.
- Faites chauffer l'huile dans une casserole. Faites frire les escalopes à feu moyen-vif jusqu'à ce qu'elles soient dorées. Égoutter et réserver.
- Étalez un peu de chutney de mangue sucré et épicé sur les chapatti. Mettez une escalope au milieu et roulez les chapatti.
- Répétez l'opération pour tous les chapatis. Servir chaud.

Sabudana Palak Doodhi Uttapam

(Crêpe au sagou, épinards et potiron)

il y a 20 ans

Ingrédients

1 cuillère à café de toor dhal*

1 cuillère à café de mungo dal*

1 cuillère à café de haricots urad*

1 cuillère à café de masoor dhal*

3 cuillères à café de riz

100 g de sagou moulu grossièrement

50 g d'épinards cuits à la vapeur et hachés

¼ bouteille de citrouille*, râpé

125g/4½oz de besançon*

½ cuillère à café de cumin moulu

1 cuillère à café de feuilles de menthe, hachées finement

1 piment vert, finement haché

½ cuillère à café de pâte de gingembre

Ajouter du sel au goût

100 ml/3½ onces liquides d'eau

Huile végétale raffinée pour la friture.

méthode

- Broyer ensemble le toor dhal, le mungo dhal, les haricots urad, le masoor dhal et le riz. Laisser de côté.
- Faites tremper le sagou pendant 3 à 5 minutes. Égoutter complètement.
- Mélanger avec le mélange de dhal moulu et de riz.
- Ajoutez les épinards, la citrouille, le besan, le cumin moulu, les feuilles de menthe, les piments verts, la pâte de gingembre, le sel et suffisamment d'eau pour obtenir une pâte épaisse. Laissez reposer 30 minutes.
- Beurrez la poêle et faites-la chauffer. Versez 1 cuillère à soupe de pâte dans le moule et étalez-la avec le dos d'une cuillère.
- Couvrir et cuire à feu moyen jusqu'à ce que le fond soit légèrement brun. Faites tourner et répétez.
- Répétez avec le reste de la pâte. Servir chaud avec une sauce tomate ou un ajvar de noix de coco verte.

Poha

Pour 4 personnes

Ingrédients

150 g de chapelure*

1½ cuillères à soupe d'huile végétale raffinée

½ cuillère à café de graines de cumin

½ cuillère à café de graines de moutarde

1 grosse pomme de terre, hachée finement

2 gros oignons, finement hachés

5-6 piments verts, finement hachés

8 feuilles de curry, hachées grossièrement

¼ cuillère à café de curcuma

45 g/1½ oz de cacahuètes grillées (facultatif)

25 g de noix de coco fraîche, râpée ou grattée

10 g de feuilles de coriandre finement hachées

1 cuillère à café de jus de citron

Ajouter du sel au goût

méthode

- Lavez bien le poha. Égoutter complètement l'eau et mettre le poha dans une passoire pendant 15 minutes.
- Détachez délicatement les grumeaux de farine avec vos doigts. Laisser de côté.
- Faites chauffer l'huile dans une casserole. Ajoutez le cumin et les graines de moutarde. Laissez-les pulvériser pendant 15 secondes.
- Ajoutez les pommes de terre hachées. Faire revenir à feu moyen pendant 2-3 minutes. Ajouter l'oignon, les piments verts, les feuilles de curry et le curcuma. Cuire jusqu'à ce que l'oignon devienne transparent. Éloignez-vous de la chaleur.
- Ajouter le poha, les cacahuètes frites et la moitié des feuilles de noix de coco et de coriandre râpées. Remuer pour bien mélanger.
- Arrosez de jus de citron et de sel. Laisser mijoter 4 à 5 minutes.
- Garnir avec le reste des feuilles de coco et de coriandre. Servir chaud.

escalope de légumes

il y a 10-12

Ingrédients

2 oignons finement hachés

5 gousses d'ail

¼ cuillère à café de graines de fenouil

2-3 piments verts

10 g de feuilles de coriandre finement hachées

2 grosses carottes, hachées finement

1 grosse pomme de terre, hachée finement

1 petite betterave, hachée finement

50 g de haricots finement hachés

50 g de petits pois

900 ml/1½ litre d'eau

Ajouter du sel au goût

¼ cuillère à café de curcuma

2-3 cuillères à soupe de besan*

1 cuillère à soupe d'huile végétale raffinée et un supplément pour la friture

50 g de chapelure

méthode

- Broyez 1 oignon, l'ail, les graines de fenouil, les piments verts et les feuilles de coriandre pour obtenir une pâte lisse. Laisser de côté.
- Mélangez les carottes, les pommes de terre, les betteraves, les haricots verts et les petits pois dans une casserole. Ajoutez 500 ml/16 fl oz d'eau, le sel et le curcuma et faites cuire à feu moyen jusqu'à ce que les légumes soient tendres.
- Râpez bien les légumes et réservez.
- Mélangez le besan et le reste de l'eau pour obtenir une pâte molle. Laisser de côté.
- Faites chauffer 1 cuillère à soupe d'huile dans une casserole. Ajouter l'oignon restant et faire revenir jusqu'à ce qu'il soit translucide.
- Ajouter la pâte d'oignon et d'ail et faire revenir une minute à feu moyen en remuant constamment.
- Ajoutez la purée de légumes et mélangez bien.
- Retirer du feu et laisser refroidir.
- Divisez ce mélange en 10 à 12 boules. Aplatissez entre vos paumes pour faire des hamburgers.
- Trempez les boulettes de viande dans la pâte et enrobez-les de chapelure.
- Faites chauffer l'huile dans la poêle. Faites frire les boulettes de viande jusqu'à ce qu'elles soient dorées des deux côtés.
- Servir chaud avec de la sauce tomate.

soja

(collation au soja)

Pour 4 personnes

Ingrédients

1½ cuillères à soupe d'huile végétale raffinée

½ cuillère à café de graines de moutarde

2 piments verts, finement hachés

2 piments rouges, finement hachés

Une pincée d'asafoetida

1 gros oignon finement haché

2,5 cm/1 pouce de racine de gingembre, coupée en julienne

10 gousses d'ail, hachées finement

6 feuilles de curry

100 g/3½ oz de farine de soja*, rôti à sec

100 g de semoule torréfiée à sec

200 g de petits pois

500 ml d'eau chaude

¼ cuillère à café de curcuma

1 cuillère à café de sucre

1 cuillère à café de sel

1 grosse tomate, hachée finement

2 cuillères à soupe de feuilles de coriandre finement hachées

15 raisins secs

10 noix de cajou

méthode

- Faites chauffer l'huile dans une casserole. Ajoutez les graines de moutarde. Laissez-les pulvériser pendant 15 secondes.
- Ajouter les piments verts, les piments rouges, l'asafoetida, l'oignon, le gingembre, l'ail et les feuilles de curry. Faire frire à feu moyen pendant 3 à 4 minutes en remuant fréquemment.
- Ajouter le gruau de soja, la semoule et les petits pois. Cuire jusqu'à ce que les deux types de semoule soient dorés.
- Ajouter l'eau chaude, le curcuma, le sucre et le sel. Cuire à feu moyen jusqu'à ce que l'eau s'évapore.
- Garnir de tomates, feuilles de coriandre, raisins secs et noix de cajou.
- Servir chaud.

Upma

(Plat de petit-déjeuner à base de semoule)

Pour 4 personnes

Ingrédients

1 cuillère à soupe de ghee

150 g de semoule

1 cuillère à soupe d'huile végétale raffinée

¼ cuillère à café de graines de moutarde

1 cuillère à café d'urad dhal*

3 piments verts, coupés dans le sens de la longueur

8 à 10 feuilles de curry

1 oignon moyen, finement haché

1 tomate moyenne, hachée finement

750 ml/1¼ litre d'eau

1 cuillère à soupe pleine de sucre

Ajouter du sel au goût

50 g de petits pois en conserve (facultatif)

25 g/petites feuilles de coriandre finement hachées

méthode

- Faites chauffer le ghee dans une poêle. Ajouter la semoule et faire revenir en remuant fréquemment jusqu'à ce que la semoule soit dorée. Laisser de côté.
- Faites chauffer l'huile dans une casserole. Ajouter les graines de moutarde, l'urad dhal, les piments verts et les feuilles de curry. Faites frire jusqu'à ce que l'urad dhal devienne doré.
- Ajouter l'oignon et faire revenir à feu doux jusqu'à ce qu'il soit translucide. Ajoutez la tomate et faites revenir encore 3-4 minutes.
- Ajouter de l'eau et bien mélanger. Cuire à feu moyen jusqu'à ce que le mélange commence à bouillir. Bien mélanger.
- Ajouter le sucre, le sel, la semoule et les petits pois. Bien mélanger.
- Cuire à feu doux, en remuant constamment, pendant 2-3 minutes.
- Garnir de feuilles de coriandre. Servir chaud.

Nouilles Upma

(boulettes de viande à l'oignon)

Pour 4 personnes

Ingrédients

3 cuillères à soupe d'huile végétale raffinée

1 cuillère à café de mungo dal*

1 cuillère à café d'urad dhal*

¼ cuillère à café de graines de moutarde

8 feuilles de curry

10 cacahuètes

10 noix de cajou

1 pomme de terre moyenne, hachée finement

1 grosse carotte, hachée finement

2 piments verts, finement hachés

1 cm/½ racine de gingembre finement hachée

1 gros oignon finement haché

1 tomate, hachée finement

50 g de petits pois surgelés

Ajouter du sel au goût

1 litre/1¾ litre d'eau

200 g de nouilles

2 cuillères à soupe de ghee

méthode

- Faites chauffer l'huile dans une casserole. Ajouter le mungo dhal, l'urad dhal, les graines de moutarde et les feuilles de curry. Laissez-les pulvériser pendant 30 secondes.
- Ajouter les cacahuètes et les noix de cajou. Faire frire à feu moyen jusqu'à ce qu'ils soient dorés.
- Ajoutez les pommes de terre et les carottes. Faire frire pendant 4 à 5 minutes.
- Ajouter le piment, le gingembre, l'oignon, la tomate, les petits pois et le sel. Cuire à feu moyen, en remuant fréquemment, jusqu'à ce que les légumes soient tendres.
- Ajoutez de l'eau et laissez bouillir. Bien mélanger.
- Ajoutez les nouilles en remuant constamment pour éviter la formation de grumeaux.
- Couvrir avec un couvercle et laisser mijoter 5 à 6 minutes.
- Ajouter le ghee et bien mélanger. Servir chaud.

Lier

(filet de pomme de terre)

il y a 10

Ingrédients

5 cuillères à soupe d'huile végétale extra raffinée pour la friture

½ cuillère à café de graines de moutarde

2,5 mm/1 pouce de racine de gingembre, finement hachée

2 piments verts, finement hachés

50 g de feuilles de coriandre finement hachées

1 gros oignon finement haché

4 pommes de terre moyennes, bouillies et écrasées

1 grosse carotte, hachée finement et cuite

125 g de petits pois en conserve

Une pincée de curcuma

Ajouter du sel au goût

1 cuillère à café de jus de citron

250g/9oz de besan*

200 ml d'eau

½ cuillère à café de levure chimique

méthode

- Faites chauffer 4 cuillères à soupe d'huile dans une casserole. Ajouter les graines de moutarde, le gingembre, les piments verts, les feuilles de coriandre et l'oignon. Faire frire à feu moyen, en remuant de temps en temps, jusqu'à ce que l'oignon devienne doré.
- Ajouter les pommes de terre, les carottes, les petits pois, le curcuma et le sel. Laisser mijoter 5 à 6 minutes en remuant de temps en temps.
- Arrosez de jus de citron et divisez le mélange en 10 boules. Laisser de côté.
- Mélangez le besan, l'eau et la levure chimique avec 1 cuillère à soupe d'huile pour obtenir une pâte.
- Faites chauffer l'huile dans une casserole. Trempez chaque boule de pomme de terre dans la pâte et faites-la frire à feu moyen jusqu'à ce qu'elle soit dorée.
- Servir chaud.

Dhokla instantané

(Gâteau salé instantané cuit à la vapeur)

il y a 15-20

Ingrédients

250g/9oz de besan*

1 cuillère à café de sel

2 cuillères à soupe de sucre

2 cuillères à soupe d'huile végétale raffinée

½ cuillère à soupe de jus de citron

240 ml/8 onces liquides d'eau

1 cuillère à soupe de levure chimique

1 cuillère à café de graines de moutarde

2 piments verts, coupés dans le sens de la longueur

Quelques feuilles de curry

1 cuillère à soupe d'eau

2 cuillères à soupe de feuilles de coriandre finement hachées

1 cuillère à soupe de noix de coco fraîche, râpée

méthode

- Mélangez le besan, le sel, le sucre, 1 cuillère à soupe d'huile, le jus de citron et l'eau jusqu'à obtenir une pâte lisse.
- Beurrer un moule à gâteau rond de 20 cm.
- Ajouter la levure chimique à la pâte. Mélangez bien et versez aussitôt dans un moule beurré. Cuire à la vapeur pendant 20 minutes.
- Piquez avec une fourchette pour vérifier si c'est cuit. S'il ne ressort pas propre, faites cuire à nouveau à la vapeur pendant 5 à 10 minutes. Laisser de côté.
- Faites chauffer le reste de l'huile dans une casserole. Ajoutez les graines de moutarde. Laissez-les pulvériser pendant 15 secondes.
- Ajouter les piments verts, les feuilles de curry et l'eau. Laisser mijoter 2 minutes.
- Versez ce mélange sur le dhokla et laissez-le absorber le liquide.
- Garnir de feuilles de coriandre et de noix de coco râpée.
- Couper en carrés et servir avec un chutney à la menthe.

Dhal Maharani

(Lentilles noires et haricots)

Pour 4 personnes

Ingrédients

150 g d'urad dhal*

2 cuillères à soupe de haricots

1,4 litre/2½ litres d'eau

Ajouter du sel au goût

1 cuillère à soupe d'huile végétale raffinée

½ cuillère à café de graines de cumin

1 gros oignon finement haché

3 tomates moyennes, hachées

1 cuillère à café de pâte de gingembre

½ cuillère à café de pâte d'ail

½ cuillère à café de poudre de chili

½ cuillère à café de garam masala

120 ml/4 fl oz de crème fraîche à usage unique

méthode

- Faites tremper l'urad dhal et les haricots pendant la nuit. Égoutter et cuire ensemble dans une casserole avec de l'eau et du sel pendant 1 heure à feu moyen. Laisser de côté.
- Faites chauffer l'huile dans une casserole. Ajoutez les graines de cumin. Laissez-les pulvériser pendant 15 secondes.
- Ajouter l'oignon et faire revenir à feu moyen jusqu'à ce qu'il soit doré.
- Ajoutez les tomates. Bien mélanger. Ajouter la pâte de gingembre et la pâte d'ail. Faire frire pendant 5 minutes.
- Ajouter le mélange de dhal et de haricots cuits, la poudre de chili et le garam masala. Bien mélanger.
- Ajoutez la crème. Cuire 5 minutes en remuant fréquemment.
- Servir chaud avec du naan ou du riz cuit à la vapeur.

Milag Kuzhamb

(Diviser le gramme rouge dans la sauce au poivre)

Pour 4 personnes

Ingrédients

2 cuillères à café de ghee

2 cuillères à café de graines de coriandre

1 cuillère à soupe de pâte de tamarin

1 cuillère à café de poivre noir moulu

¼ cuillère à café d'asafoetida

Ajouter du sel au goût

1 cuillère à soupe de toor dhal*, cuit

1 litre/1¾ litre d'eau

¼ cuillère à café de graines de moutarde

1 piment vert, haché

¼ cuillère à café de curcuma

10 feuilles de curry

méthode

- Faites chauffer quelques gouttes de ghee dans une casserole. Ajoutez les graines de coriandre et faites revenir à feu moyen pendant 2 minutes. Laissez refroidir et mixez.
- Mélanger avec la pâte de tamarin, le poivre, l'asafoetida, le sel et le dhala dans une grande casserole.
- Ajoutez de l'eau. Bien mélanger et porter à ébullition à feu moyen. Laisser de côté.
- Faites chauffer le ghee restant dans une casserole. Ajouter les graines de moutarde, les piments verts, le curcuma et les feuilles de curry. Laissez-les pulvériser pendant 15 secondes.
- Ajoutez ceci au dhal. Servir chaud.

Dhal Hariyali

(légume-feuille avec gramme de Bengale brisé)

Pour 4 personnes

Ingrédients

300g/10oz de dhal*

1,4 litre/2½ litres d'eau

Ajouter du sel au goût

2 cuillères à soupe de ghee

1 cuillère à café de graines de cumin

1 oignon finement haché

½ cuillère à café de pâte de gingembre

½ cuillère à café de pâte d'ail

½ cuillère à café de curcuma

50 g d'épinards hachés

10 g/¼oz de feuilles de fenugrec, finement hachées

25 g/minimum 1 oz de feuilles de coriandre

méthode

- Faites cuire le dhal avec de l'eau et du sel dans une casserole pendant 45 minutes en remuant fréquemment. Laisser de côté.
- Faites chauffer le ghee dans une casserole. Ajouter les graines de cumin, l'oignon, la pâte de gingembre, la pâte d'ail et le curcuma. Faire revenir 2 minutes à feu doux en remuant constamment.
- Ajouter les épinards, les feuilles de fenugrec et les feuilles de coriandre. Bien mélanger et cuire à feu doux pendant 5 à 7 minutes.
- Servir chaud avec du riz cuit.

Dhalcha

(gramme du Bengale avec du mouton)

Pour 4 personnes

Ingrédients

150 g de chana dhal*

150 g de toor dhal*

2,8 litres/5 pintes d'eau

Ajouter du sel au goût

2 cuillères à soupe de pâte de tamarin

2 cuillères à soupe d'huile végétale raffinée

4 gros oignons, hachés

5 cm de racine de gingembre râpée

10 gousses d'ail écrasées

750 g/1 lb 10 oz d'agneau, haché

1,4 litre/2½ litres d'eau

3-4 tomates hachées

1 cuillère à café de poudre de chili

1 cuillère à café de curcuma

1 cuillère à café de garam masala

20 feuilles de curry

25 g/petites feuilles de coriandre finement hachées

méthode

- Cuire le dhala avec de l'eau et du sel pendant 1 heure à feu moyen. Ajouter la pâte de tamarin et bien écraser. Laisser de côté.
- Faites chauffer l'huile dans une casserole. Ajoutez l'oignon, le gingembre et l'ail. Faire frire à feu moyen jusqu'à ce qu'ils soient dorés. Ajouter l'agneau et remuer constamment jusqu'à ce qu'il soit doré.
- Ajouter de l'eau et cuire à feu doux jusqu'à ce que l'agneau soit tendre.
- Ajouter les tomates, la poudre de chili, le curcuma et le sel. Bien mélanger. Cuire encore 7 minutes.
- Ajouter le dhal, le garam masala et les feuilles de curry. Bien mélanger. Laisser mijoter 4 à 5 minutes.
- Garnir de feuilles de coriandre. Servir chaud.

Tarkari Dhalcha

(gramme de Bengale aux légumes)

Pour 4 personnes

Ingrédients

150 g de chana dhal*

150 g de toor dhal*

Ajouter du sel au goût

3 litres/5¼ litres d'eau

10 g de feuilles de menthe

10 g de feuilles de coriandre

2 cuillères à soupe d'huile végétale raffinée

½ cuillère à café de graines de moutarde

½ cuillère à café de graines de cumin

Une pincée de graines de fenugrec

Une pincée de graines de kalonji*

2 piments rouges séchés

10 feuilles de curry

½ cuillère à café de pâte de gingembre

½ cuillère à café de pâte d'ail

½ cuillère à café de curcuma

1 cuillère à café de poudre de chili

1 cuillère à café de pâte de tamarin

500 g de citrouille, finement hachée

méthode

- Faites cuire les deux dhals avec du sel, 2,5 litres/4 litres d'eau et la moitié de la menthe et de la coriandre dans une casserole à feu moyen pendant 1 heure. Broyer jusqu'à obtenir une pâte épaisse. Laisser de côté.
- Faites chauffer l'huile dans une casserole. Ajouter les graines de moutarde, le cumin, le fenugrec et le kalonji. Laissez-les pulvériser pendant 15 secondes.
- Ajouter le piment rouge et les feuilles de curry. Faire frire à feu moyen pendant 15 secondes.
- Ajouter la pâte de dhal, la pâte de gingembre, la pâte d'ail, le curcuma, la poudre de chili et la pâte de tamarin. Bien mélanger. Cuire à feu moyen, en remuant fréquemment, pendant 10 minutes.
- Ajoutez le reste de l'eau et le potiron. Laisser mijoter jusqu'à ce que le potiron soit cuit.
- Ajoutez le reste des feuilles de menthe et de coriandre. Cuire 3-4 minutes.
- Servir chaud.

Dhokar Dhalna

(Cubes de Dhal frits au curry)

Pour 4 personnes

Ingrédients

600 g de chana dhal*, trempé toute la nuit

120 ml d'eau

Ajouter du sel au goût

4 cuillères à soupe d'huile végétale extra raffinée pour la friture

3 piments verts, hachés

½ cuillère à café d'asafoetida

2 gros oignons finement hachés

1 feuille de laurier

1 cuillère à café de pâte de gingembre

1 cuillère à café de pâte d'ail

1 cuillère à café de poudre de chili

¾ cuillère à café de curcuma

1 cuillère à café de garam masala

1 cuillère à soupe de feuilles de coriandre finement hachées

méthode

- Broyer le dhal avec de l'eau et un peu de sel pour obtenir une pâte épaisse. Laisser de côté.
- Faites chauffer 1 cuillère à soupe d'huile dans une casserole. Ajouter les poivrons verts et l'asafoetida. Laissez-les pulvériser pendant 15 secondes. Ajoutez la pâte de dhal et un peu plus de sel. Bien mélanger.
- Étalez ce mélange sur une plaque pour qu'il refroidisse. Couper en morceaux de 2,5 cm/1 po.
- Faites chauffer l'huile de friture dans une casserole. Faites frire les morceaux jusqu'à ce qu'ils soient dorés. Laisser de côté.
- Faites chauffer 2 cuillères à soupe d'huile dans une casserole. Faire revenir l'oignon jusqu'à ce qu'il soit doré. Broyez-les jusqu'à obtenir une pâte et réservez-les.
- Faites chauffer 1 cuillère à soupe d'huile restante dans une casserole. Ajouter la feuille de laurier, les morceaux de dhal frits, la pâte d'oignons frits, la pâte de gingembre, la pâte d'ail, la poudre de piment, le curcuma et le garam masala. Ajoutez suffisamment d'eau pour couvrir les morceaux de dhal. Bien mélanger et cuire à feu doux pendant 7 à 8 minutes.
- Garnir de feuilles de coriandre. Servir chaud.

triché

(Gram Dhal rouge divisé simple)

Pour 4 personnes

Ingrédients

300g/10oz de dhal*

2,4 litres/4 pintes d'eau

¼ cuillère à café d'asafoetida

½ cuillère à café de curcuma

Ajouter du sel au goût

méthode

- Faites cuire tous les ingrédients dans une casserole pendant environ 1 heure à feu moyen.
- Servir chaud avec du riz cuit.

Doux Dhal

(Fendez le gramme rouge sucré)

Pour 4-6 personnes

Ingrédients

300g/10oz de dhal*

2,5 litres/4 pintes d'eau

Ajouter du sel au goût

¼ cuillère à café de curcuma

Une grosse pincée d'asafoetida

½ cuillère à café de poudre de chili

Morceau de 5 cm de cassonade*

2 cuillères à café d'huile végétale raffinée

¼ cuillère à café de graines de cumin

¼ cuillère à café de graines de moutarde

2 piments rouges séchés

1 cuillère à soupe de feuilles de coriandre finement hachées

méthode

- Lavez et faites cuire le toor dhal avec de l'eau et du sel dans une casserole à feu doux pendant 1 heure.
- Ajouter le curcuma, l'asafoetida, la poudre de piment et le jaggery. Cuire 5 minutes. Bien mélanger. Laisser de côté.
- Faites chauffer l'huile dans une petite casserole. Ajouter les graines de cumin, les graines de moutarde et les piments rouges séchés. Laissez-les pulvériser pendant 15 secondes.
- Versez cela dans le dhal et mélangez bien.
- Garnir de feuilles de coriandre. Servir chaud.

Dhal aigre-doux

(gramme rouge fendu aigre-doux)

Pour 4-6 personnes

Ingrédients

300g/10oz de dhal*

2,4 litres/4 pintes d'eau

Ajouter du sel au goût

¼ cuillère à café de curcuma

¼ cuillère à café d'asafoetida

1 cuillère à café de pâte de tamarin

1 cuillère à café de sucre

2 cuillères à café d'huile végétale raffinée

½ cuillère à café de graines de moutarde

2 piments verts

8 feuilles de curry

1 cuillère à soupe de feuilles de coriandre finement hachées

méthode

- Faites cuire le toor dhal dans une casserole avec de l'eau et du sel à feu moyen pendant 1 heure.
- Ajouter le curcuma, l'asafoetida, la pâte de tamarin et le sucre. Cuire 5 minutes. Laisser de côté.
- Faites chauffer l'huile dans une petite casserole. Ajouter les graines de moutarde, les piments verts et les feuilles de curry. Laissez-les pulvériser pendant 15 secondes.
- Versez cette épice dans le dhal.
- Garnir de feuilles de coriandre.
- Servir chaud avec du riz bouilli ou des chapatti.

Mung-ni-Dhal

(Grème Vert Fractionné)

Pour 4 personnes

Ingrédients

300 g de dhal mungo*

1,9 litres/3½ litres d'eau

Ajouter du sel au goût

¼ cuillère à café de curcuma

½ cuillère à café de pâte de gingembre

1 piment vert, finement haché

¼ cuillère à café de sucre

1 cuillère à soupe de ghee

½ cuillère à café de graines de sésame

1 petit oignon haché

1 gousse d'ail, hachée

méthode

- Faites cuire le dhal mungo avec de l'eau et du sel dans une casserole à feu moyen pendant 30 minutes.
- Ajouter le curcuma, la pâte de gingembre, les piments verts et le sucre. Bien mélanger.
- Ajoutez 120 ml/4 fl oz d'eau si le dhal est sec. Laisser mijoter 2-3 minutes et réserver.
- Faites chauffer le ghee dans une petite casserole. Ajouter les graines de sésame, l'oignon et l'ail. Faites-les revenir 1 minute en remuant constamment.
- Ajoutez ceci au dhal. Servir chaud.

Dhal à l'oignon et à la noix de coco

(Partie Gram Rouge avec oignon et noix de coco)

Pour 4-6 personnes

Ingrédients

300g/10oz de dhal*

2,8 litres/5 pintes d'eau

2 piments verts, hachés

1 petit oignon haché

Ajouter du sel au goût

¼ cuillère à café de curcuma

1½ cuillères à café d'huile végétale

½ cuillère à café de graines de moutarde

1 cuillère à soupe de feuilles de coriandre finement hachées

50 g de noix de coco fraîchement râpée

méthode

- Cuire le toor dhal avec l'eau, les piments verts, l'oignon, le sel et le curcuma dans une casserole à feu moyen pendant 1 heure. Laisser de côté.
- Faites chauffer l'huile dans une casserole. Ajoutez les graines de moutarde. Laissez-les pulvériser pendant 15 secondes.
- Versez cela dans le dhal et mélangez bien.
- Garnir de feuilles de coriandre et de noix de coco. Servir chaud.

Dahi Kadhi

(Prenez à base de yaourt)

Pour 4 personnes

Ingrédients

1 cuillère à soupe de besan*

250 g de yaourt

750 ml/1¼ litre d'eau

2 cuillères à café de sucre

Ajouter du sel au goût

½ cuillère à café de pâte de gingembre

1 cuillère à soupe d'huile végétale raffinée

¼ cuillère à café de graines de moutarde

¼ cuillère à café de graines de cumin

¼ cuillère à café de graines de fenugrec

8 feuilles de curry

10 g de feuilles de coriandre finement hachées

méthode

- Mélangez le besan avec le yaourt, l'eau, le sucre, le sel et la pâte de gingembre dans une grande casserole. Bien mélanger pour éviter la formation de grumeaux.
- Cuire le mélange à feu moyen jusqu'à ce qu'il commence à épaissir, en remuant fréquemment. Chauffer jusqu'à ébullition. Laisser de côté.
- Faites chauffer l'huile dans une casserole. Ajoutez les graines de moutarde, les graines de cumin, les graines de fenugrec et les feuilles de curry. Laissez-les pulvériser pendant 15 secondes.
- Versez cette huile sur le mélange besan.
- Garnir de feuilles de coriandre. Servir chaud.

dhal aux épinards

(Épinards au Gramme Vert Fendu)

Pour 4 personnes

Ingrédients

300 g de dhal mungo*

1,9 litres/3½ litres d'eau

Ajouter du sel au goût

1 gros oignon, haché

6 gousses d'ail, émincées

¼ cuillère à café de curcuma

100 g d'épinards hachés

½ cuillère à café d'amchoor*

Une pincée de garam masala

½ cuillère à café de pâte de gingembre

1 cuillère à soupe d'huile végétale raffinée

1 cuillère à café de graines de cumin

2 cuillères à soupe de feuilles de coriandre finement hachées

méthode

- Faites cuire le dhal avec de l'eau et du sel dans une casserole à feu moyen pendant 30 à 40 minutes.
- Ajoutez l'oignon et l'ail. Cuire 7 minutes.
- Ajouter le curcuma, les épinards, l'amchoor, le garam masala et la pâte de gingembre. Bien mélanger.
- Faire sauter jusqu'à ce que le dhal soit tendre et que toutes les épices soient infusées. Laisser de côté.
- Faites chauffer l'huile dans une casserole. Ajoutez les graines de cumin. Laissez-les pulvériser pendant 15 secondes.
- Versez-le sur le dhal.
- Garnir de feuilles de coriandre. Servir chaud

www.ingramcontent.com/pod-product-compliance
Lightning Source LLC
Chambersburg PA
CBHW071821110526
44591CB00011B/1176